Kulinarische Streifzüge durch Ungarn

Laura Conti

Kulinarische Streifzüge durch Ungarn

Mit 75 Rezepten,
exklusiv fotografiert
für dieses Buch
von
Hans Joachim Döbbelin

SIGLOCH
EDITION

Zur Abbildung auf Seite 2:
Das legendäre Hungaria: einst und jetzt beliebter Treffpunkt Budapester Intellektueller. 1894 unter dem Namen „New York" eröffnet, hat es sein gründerzeitliches Flair bis heute erhalten.

Rechts: Ungarns zwei Gesichter: Neben dem kulturellen und städtischen Zentrum Budapest steht das ländliche Ungarn mit seinen zahlreichen Dörfern, bäuerlichen Anwesen, Gänse- und Schafherden.

Sigloch Edition & Co., Lettenstrasse 3, CH-6343 Rotkreuz

Reproduktion: Eder Repros, Ostfildern
Satz: Setzerei Lihs, Ludwigsburg
Druck: Graphische Betriebe Eberl, Immenstadt
Papier: 135 g/m² BVS der Papierfabrik Scheufelen, Lenningen
Bindearbeiten: Sigloch Buchbinderei, Künzelsau
ISBN 3-89393-027-2

Am Kreuzweg der Kulturen

Bereits in urgeschichtlicher Zeit wurde das Karpatenbecken von Menschen besiedelt. Sie stießen bis zu den sumpfigen Rändern der in der Eiszeit entstandenen Urdonau vor, sie entdeckten die vulkanischen Hinterlassenschaften am Nordrand der Balatonsenke, in der sich heute der Plattensee (ung. *balaton)* ausbreitet, vielleicht trieben sie Jagdlust und Neugierde auch bis zur Waldgrenze in Südböhmen, kaum jedoch in das weite Gebiet der Großen Tiefebene.

Nach neuesten wissenschaftlichen Erkenntnissen lebten die ersten Bewohner des heutigen Ungarn vor 35000 bis 40000 Jahren in der Gegend von Lovas am Nordrand der Balatonsenke. Man kann sich diese Urmenschen klein vorstellen, gedrungen, kräftig, wendig, mit tiefliegenden, wachsamen Augen. Sie müssen Jäger gewesen sein, und wahrscheinlich zählten die urzeitlichen Riesenhirsche, vielleicht auch Wisente und Auerochsen, zu ihrer liebsten Beute.

Im Grunde genommen wissen wir jedoch kaum etwas über sie. Ihre einzigen zurückgelassenen Spuren sind primitive Knochenwerkzeuge, Steinwerkzeuge und ein paar Obsidiansplitter, die sie zum Abbau von rotem Farbstoff benutzten. Gut möglich, daß man sie zu den ersten Bergknappen der Welt zählen muß: Das Rot lockte sie magnetisch in die Gruben aus Dolomitgestein, mit dem Rot bemalten sie ihre Körper, um den Göttern zu dienen, das rote Pulver verkneteten sie mit Fett zu Kügelchen, um sich damit beim Tanz zu schmücken. Wahrscheinlich waren es wilde, ungezügelte Tänze, denn es war kalt in der letzten Eiszeit, ein Tundrenklima, und der Balaton konnte die Sonnenwärme noch nicht speichern: Es gab ihn nicht. Damals war er nur eine riesige Senke, die das Meerwasser einmal zurückgelassen hatte und die sich erst vor 22000 bis 20000 Jahren mit Regenwasser füllte.

Die Urmenschen von Lovas aber sind – vielleicht während eines erneuten Kälteeinbruchs – von der Erde verschwunden, und die Geschichtsschreibung hat sie vergessen. Sie hat ihr Sterben weder ausgelotet noch erforscht, so wenig wie die Jahrtausende nach ihnen.

Ein wenig mehr wissen wir jedoch von den Skythen, die um 500 v. Chr. von der sarmatischen Steppe kommend aus der Weite nördlich des Kaukasus heranritten. Sie waren die ersten Reiter aus dem Osten, ein Nomadenvolk mit passioniertem Westwärtsdrang, wie noch einige Völker nach ihnen, für die letztlich Ungarn immer wieder zum Schicksalsland wurde: Endstation, Sammelbecken, Verurteilung zur Seßhaftigkeit.

Zweihundert Jahre lang versuchten sich die Skythen in die Enge ihrer festen Wohnsitze am Ufer des Balaton einzuleben. Sie waren nicht nur Jäger, auch Fischer, denn nun hatten sie ja bereits den großen, flachen See zu Füßen. Wahrscheinlich verdankt man übrigens im europäischen Raum den Skythen die Kenntnis von der Butter als Nahrungsmittel, denn Griechen und Römer verwendeten sie nur als Salbe, und noch Plinius der Ältere beschreibt, daß sie nur einige Barbaren in ihrer Küche verwenden würden.

Tatsächlich hatten sich die Skythen – wie schon die Urmenschen vor ihnen – den besten Lebensraum in den Grenzen des heutigen Ungarn gesichert. Sie konnten ihn nur nicht in Ruhe genießen, sie mußten stets auf der Hut sein, ihre Siedlungen mit Erdwällen umfrieden, ihre strategisch klug angelegten Schanzen gegen Eindringlinge verteidigen. Sie mußten sich wehren, sie mußten kämpfen und gingen doch letztlich im Ansturm der Kelten unter.

Die Kelten hatten gerade die Etrusker besiegt, Rom gebrandschatzt und Spanien besiedelt. Nun erschien ihnen die Zeit um die Wende vom 4. zum 3. Jahrhundert gerade der rechte Augenblick, um sich im Land zwischen Donau und Balaton, im „Land der reichen Wasser" auszuruhen. Schließlich auch, um eine Ortschaft *Ak-Ink* (= reiches Wasser) zu gründen, die letztlich die Keimzelle für Budapest wurde.

Die Kelten planten nicht nur ihre Eroberungen, sie waren auch das erste Volk auf ungarischem Boden, das seinen Speisezettel nicht mehr überwiegend dem Jagdglück und dem Zufall überließ. Keltische Bauern legten Vorratsgruben an, sie errichteten die ersten Höfe mit Speichern, bearbeiteten den Boden mit Holzpflug und Eisenschuh, bauten Gerste und Hirse an und pflanzten die ersten Rebstöcke.

Die keltische Hausfrau war jedenfalls bei der Vorbereitung der täglichen Mahlzeiten nicht mehr vom Pirsch- und Jagdglück der Männer abhängig. Allerdings blieben die Mahlzeiten bescheiden, mehr Nahrung als Gaumenfreude, bar jeder Raffinesse und aus römischer Sicht mehr oder minder barbarisch.

Als nämlich 12 v. Chr. Tiberius mit seinen römischen Mannen im Keltenland an der Donau eintraf, ließ er keinen Zweifel daran, daß die barbarischen Tage der Kelten vorbei seien. Unter seiner Herrschaft wurde aus *Ak-Ink* das *Municipium Aquincum,* aus dem Balaton ein römischer *Lacus Pelso* und aus allem Land westlich des Donauknies die dem Römischen Reich eingegliederte Provinz Pannonien.

Die Römer der Zeitenwende waren längst Feinschmecker, lebte doch Marcus Gavius Apicius, der erste römische Kochbuchschreiber, gerade zu Zeiten des Tiberius, und war doch Lucius Licinius Lucullus, ein leidenschaftlicher Genießer, der als Kriegsbeute vom Pontus in Kleinasien die ersten Edelkirschbäume nach Rom mitbrachte, gerade erst gestorben.

Empfang einer kaiserlichen Delegation in Buda um 1600.
Auf den Grundfesten des keltischen Ak-Ink und des römischen Municipium Aquincum errichteten die Magyaren ihre Herrschaftszentren Buda und Pest.

Kein Wunder also, daß sich römische Briefschreiber nicht eben begeistert über die Eßgewohnheiten der Kelten in der neuen Provinz äußerten. Sie hätten weder Öl noch Wein von Qualität, schrieben sie ins ferne Rom, ihre armseligen Gerichte seien aus Gerste und Hirse, und aus Gerste und Hirse seien auch ihre Getränke. Hatten die Besetzer Pannoniens ihrem geistreichen Epigrammdichter Marcus Valerius Martial doch nicht uneingeschränkt zugestimmt, als dieser schrieb: „Wenn weiße Bohnen für dich in einem Topf sieden, kannst du auf vieles verzichten, was dir deine lukullischen Freunde vorsetzen.“ Bescheidenheit scheint nicht ihre Stärke gewesen zu sein.

Die römische Provinz *Pannonia* blühte jedenfalls auf und gedieh prächtig. *Aquincum,* am Platz des späteren Budapest, zählte im 2. Jahrhundert n. Chr. bereits 30000 Einwohner, wurde zum *Municipium* erhoben und erfreute sich zweier Amphitheater.

Man lebte, und man lebte fröhlich. Es lag beinahe auf der Hand: So fern von Rom war das Leben problemloser, stabiler und sicherer. Die Verschwörer und Kaisermörder waren weit, die Ränke um Caligula, Claudius und den Freßlüstling Nero, all die tödlichen Fehden erreichten Pannonien abgeflacht wie ein auslaufendes Erdbeben. Und als im Jahr 79 der Vesuv explodierte und das blühende Pompeji begrub, baute sich ein wohlhabender Römer gerade eine Zweitvilla in der pompejifernen *Balácapuszta.*

Römischer Reichtum kam nach Pannonien, schlug sein Domizil mit Vorliebe an den Ufern des Balaton auf, baute Luxusvillen, herrschaftliche Güter und an beiden Ufern des Sees ausgezeichnete Straßen, deren Spuren man noch heute vielerorts findet. Mehr als sechzig größere und kleinere Siedlungen entstanden am *Lacus Pelso.*

Die gravierendsten Spuren ließ jedoch Kaiser Probus zurück, der seine Soldaten in Zeiten der Waffenruhe anwies, systematisch Weinberge im Balaton-Oberland anzulegen. Sein Biograph Aurelius Victor verzeichnete: „Vineas Gallos et Pannonios habere permisit ...“ Auch die ansässige einheimische Führungsschicht lebte zufrieden. Sie erlangte die begehrten römischen Bürgerrechte und den damit oftmals verbundenen Wohlstand. Sie machte sich römische Kultur und römische Lebensart zu eigen, auch römische Eßgewohnheiten. Hatten die Kelten zwar bereits Viehzucht betrieben, aber wenig Phantasie in

Der Weinanbau im Balatonoberland geht auf frühe Pflanzungen des römischen Kaisers Probus zurück. Trotz mehrfacher Verwüstungen der Weinberge durch kämpfende Truppen und Schädlingsbefall wurde der Anbau über die Jahrhunderte hinweg aufrechterhalten. An einem guten Tropfen Badacsonyer Blaustengler oder Tihanyer Merlot finden nicht nur die Ungarn Geschmack. Die Balatoner Weine sind auch begehrte Exportartikel.

der Zubereitung von Fleischgerichten entwikkelt, so lernten ihre Nachfahren nun das Kochen mit Wein, die Geheimnisse der schmackhaften Soßen, die Zubereitung von Fisch und die Begeisterung für Gemüse.

Wahrscheinlich wurden in römischer Zeit auf heute ungarischem Boden die ersten Kürbisse gepflanzt, die ersten Kohlköpfe gezogen und der erste Spargel geerntet. Man baute Minze, Dill und Liebstöckel im Küchengarten an und sammelte Erfahrung im Umgang mit Oregano, Pinienkernen, Koriander, Essig und Öl, man übte das Kochen mit Honig und den Umgang mit glühenden Kohlenbecken.

Trotz Grenzkämpfen gegen anrückende Barbaren an der Donaulinie waren es relativ ruhige, wenn auch trügerische Jahrhunderte. Denn schon längst hatten die nomadischen Stämme des asiatisch-mongolischen Raumes ihre Pferde bestiegen, um westwärts zu reiten und auf ihrem unendlich langen, mehrere Jahrhunderte dauernden Ritt das ganze Ringelspiel der Völkerwanderung in Gang zu setzen.

Das krank gewordene Römische Reich zerfiel gegen Ende des 4. Jahrhunderts, und Pannonien geriet in den Strudel der durchziehenden Goten, Gepiden und Langobarden.

Dann erschienen die Hunnen auf der Bildfläche, ein mongolisches Volk auf der Suche nach neuen Jagdgründen. Sie ritten halb Europa nieder und stießen in der ersten Hälfte des 5. Jahrhunderts bis nach Gallien und an den Niederrhein vor. Vierzig Jahre lang wurde die Pußta zwischen Donau und Theiß ihr Machtzentrum, ihr Sammelplatz, ihre Durchgangsstation, ihr Lager und ihre Sturmbasis. Irgendwo in der Tiefebene lag Attilas hölzerner Palast, irgendwo an der Theiß wurde er wahrscheinlich begraben, als er an den Folgen übermäßiger Festesfreuden anläßlich der Hochzeit mit dem schönen Mädchen Ildiko starb.

Über die kulinarische Tradition der Hunnen ist wenig bekannt. Ob sie, wie die meisten Nomaden aus den Steppen Zentralasiens, von Frühling bis Herbst vorwiegend von Milch und Milchprodukten und nur im Winter von Fleisch lebten, ist nicht überliefert. Dennoch ließen sie eine für die spätere ungarische Küche bedeutende Signatur zurück: Sie brachten das Geheimnis des Sauerkrautes mit. Irgendwann bei ihren frühen Streifzügen durch die Mongolei mußten sie auf die chinesischen Erbauer der Großen Mauer gestoßen sein. Die fleißigen Arbeiter lebten von Reis und Kohl, sie lebten armselig und setzten dem Kohl, um ihn über längere Zeit haltbar zu machen, Reiswein zu. Durch Gärung entstand schließlich Sauerkraut. Die Hunnen taten ihrerseits noch Salz daran und brachten ihr Wissen mit nach Europa.

Nach Attilas Tod zerfiel sein erräubertes, erobertes Reich, und nur die Mär der Schrecken – und das Sauerkraut – haben ihn überdauert. Auf den Trampelpfaden der hunnischen Pferde kam jedoch alsbald ein anderes Volk aus dem ostasiatisch-sibirischen Raum: die Awaren. Frühe Historiker nannten sie tatarische Stämme mit mongolischen, hunnischen und türkischen Zügen. Zeitgenössische ungarische Forscher verfechten jedoch nun die These finnisch-ugrischer Abstammung und suchen eine magyarische Verwandtschaft zu finden. Weshalb auch nicht? Alle nomadischen Reitervölker Innerasiens hatten vieles gemeinsam: Herden, Steppe, Endlosigkeit, Einsamkeit, Schamanen, den Trieb zu kämpfen, den Trieb, westwärts zu reiten.

Die Awaren erschienen wie eine Neuauflage der Hunnen in Europa. Zweieinhalb Jahrhunderte blieben sie in Pannonien, ehe sie sich Karl dem Großen geschlagen geben mußten und ihre restlichen Horden ins Nichts verschwanden. Teils gingen sie in den Stämmen der Slawen auf und teils in den Stämmen der Magyaren, die sich längst, aus ihren ursprünglichen Weidegründen am Ural vertrieben, zum Westwärtsritt entschlossen hatten. Fort von den Tälern zwischen Sinkiang und dem Kaspischen Meer, fort vom Urvolk der Finno-Ugrier, das im Laufe der Zeit in mehrere Gruppen zerfiel, sich in alle Winde zerstreute und heute noch die Sprachverwandtschaft der finnischen

Der Agrarbereich ist einer der erfolgreichsten Zweige der ungarischen Wirtschaft. Moderne Bewirtschaftungsmethoden führen zu einer hohen Produktivität und erzeugen wichtige Exportgüter. Das ländliche Idyll ist selten geworden. Nach wie vor trifft man jedoch noch auf Dorfmärkte, auf denen allerlei landwirtschaftliche Erzeugnisse angeboten werden, auch wenn die meisten Kunden lieber in den großen Markthallen oder Läden in der Stadt einkaufen.

Geschenk
Preis 60
100,-
80,-
100,-

und ungarischen Sprachen, beide zur uralischen Sprachfamilie zählend, erklären hilft. Die Oguren, später Magyaren genannt, nahmen jedenfalls eine tausendjährige Reise auf sich, teils einsam, teils gemeinsam mit türkischen Stammesverbänden, die erst im prächtigen Weideland der ungarischen Tiefebene und im grünen Hügelland Transdanubiens zum Stillstand kam. Nein, „Stillstand" ist vorerst nur eine beschönigende Lüge der Geschichte, auf Seßhaftigkeit waren sie nicht aus, auf häusliches Leben waren sie nicht eingerichtet. Ihr Tagewerk war Überlebenskampf, Raub, Verwüstung, war Beute und Angriff im Pfeilregen. Ihr landnehmender Fürst Árpád, der als nachgerühmter Wegbereiter und erster ungarischer Großfürst in die Geschichte einging, wurde in den letzten Jahren durch wissenschaftliche Akribie wieder in das Reich der Fabel verbannt.

Eines jedoch steht unverrückbar fest: Die Magyaren führten sich in Westeuropa vorerst mit den Untugenden der Hunnen ein. In einem Zeitraum von sieben Jahrzehnten unternahmen sie über vierzig Raubzüge, sie gelangten über den Rhein bis nach Burgund, weit nach Italien und nach Byzanz. Sie waren die Piraten zu Pferd.

„Sie essen nämlich, wie das Gerücht geht, rohes Fleisch, trinken Blut, verschlingen als Heilmittel die in Stücke zerteilten Herzen derer, die sie zu Gefangenen gemacht hatten", schrieb Regino, Abt von Prüm, in einer Übersetzung von Ernst Dümmler. So jedenfalls sah das Bild aus, das sich die verwüsteten Lande von den wilden Reiterhorden machten. Es ist verständlich. Auch das Gebet „Vor den Pfeilen der Ungarn beschütze uns, o Herr" mag ein Verzweiflungsschrei gewesen sein, doch die Magyaren als Rohfleischesser, das ist wohl doch nur eine Mär. Eine Mär wie der sagenhafte Vogel Turul, „der ihnen auf ihrer Reise um die halbe Welt voranflog, bis sie Kurszán, die Burg Attilas, an der Donau erreichten".

Hätte man jedoch den asiatischen Reitern zugetraut, daß sie mit ihrem *bogrács* im Gepäck herumzogen, mit dem großen Kochkessel, den sie über das offene Feuer hängten, um darin suppenähnliche Gerichte zuzubereiten? Eine Brühe, die Tag für Tag mit all dem bereichert wurde, was man gerade zur Hand hatte?

Hätte man ihnen die *tarhonya* zugetraut, jene Eiergraupen, die die Frauen während einer Rast auf Vorrat zubereiteten und ständig mit sich führten, um sie rasch in heißem Wasser zu einer kräftigen und nahrhaften Mahlzeit aufkochen zu können?

Hätte man ihnen das in schmale Streifen geschnittene Fleisch zugetraut, das durch Trocknung in Wind und Sonne für lange Zeit haltbar gemacht wurde und dann und wann zur Herstellung eines Pot-au-feu – wie wir heute sagen würden – diente? Hätte man ihnen die getrockneten Fische zugetraut, all die Kenntnisse, die Nomadenvölker brauchen, um durch Konservierung von Lebensmitteln über die Runden und durch den Winter zu kommen? Nein, das hätte man wohl nicht. Das würde nicht ins Bild gepaßt haben, das man sich von den grausamen Neuzuwanderern machte und machen wollte. Nicht einmal, daß die alten Magyaren des Schreibens kundig waren, wollte man zur Kenntnis nehmen. Ihre runenähnliche Kerbschrift erhielt sich bei den verwandten Siebenbürger Szeklern als eine Art Geheimschrift noch bis ins 17. Jahrhundert, doch dann ging sie endgültig verloren.

Als die Schlacht auf dem Lechfeld 955 n. Chr. für die Magyaren endgültig verloren war und ihre Truppenreste geschlagen ins ungarische Auffanglager zurückkehrten, fand der große und wohl erst sehr viel später allseits beachtete Umdenk- und Umlernprozeß statt. Die besiegten nomadischen Reiter, die Reste des räuberischen Stämmebundes, wurden seßhaft, und knapp zwei Jahrzehnte später beschloß Fürst Géza die Hinwendung zum Christentum. Die Priester des Passauer Erzbischofs Pilgrim begannen ihr Bekehrungswerk und spannen die ersten bayerischen Fäden. Bayerisch, das bedeutet, daß die Herzogstochter Gisela mit dem Sohn Gézas, Stephan, ver-

Diesen Krönungsmantel trug Stephan I., der Heilige, im Jahr 1000 n. Chr. zusammen mit der von Papst Silvester II. verliehenen Königskrone bei der Krönungszeremonie.

heiratet wurde. Es wäre denkbar, daß sich ihre Begeisterung in Grenzen hielt, als man sie statt ins Kloster zu den – nach damaliger Lesart – eben erst gebändigten Halbwilden entließ. Sicher ist jedoch, daß sie an der kommenden stürmischen Entwicklung Ungarns teilhatte: Dieses seltsame Volk brauchte nur fünfzig Jahre, um ein christlicher Staat zu werden und sich damit eine gleichberechtigte Aufnahme in Europa zu erkaufen.

Die Menschen unter dem Symbol der stürmenden Pferde wurden nun Ackerbauern und kamen zur Ruhe, wobei jedoch viele Lebensgewohnheiten der Nomadenahnen in die neue Kultur einflossen und sich teilweise sogar bis heute erhalten haben.

Die neue Seßhaftigkeit ging jedoch mit einem Zerfall des alten Hirtenlebens Hand in Hand. Hatten die Magyaren auf ihrer langen Wanderschaft mit allen Haustieren bereits Bekanntschaft geschlossen, mit dem aus Hochasien stammenden Pferd, dem aus den westasiatischen Hochländern kommenden Esel, dem Hausrind, dem Büffel, den bereits die Awaren aus Südasien nach Ungarn brachten, mit der Ziege aus dem Kaukasus, mit dem Schaf von den Vorhöhen der asiatischen Bergländer und mit dem vom Wildschwein abstammenden Hausschwein, so war es nun für Herden und Menschen mit dem freien Wanderleben vorbei. Unter Stephan dem Heiligen entstanden neue Schichten: die Adeligen und die bäuerlichen Arbeiter als Vorgänger der Leibeigenen.

Kontinuität war jedoch in Ungarn schon immer ein brüchiges Ding und ein zeitlich limitierter Begriff. Im 13. Jahrhundert trafen neue Reiterhorden aus dem Osten ein: Mongolen,

von den Europäern fälschlich als Tataren bezeichnet, brausten über das Land hinweg und vernichteten alle Habe der gerade erst seßhaft gewordenen Nomaden. Zwar beendete der Tod ihres Großkhans das grausame Unterfangen, aber zurück blieben Trümmer, Rauch und Räuber. Für Ungarn war es wieder einmal ein Jahr Null, aber dieses widerstandsfähige und mit aller Intensität lebende Volk erholte sich rasch. Als schließlich 1301 das erste ungarische Herrscherhaus der Árpáden in der männlichen Linie ausstarb, gelangte Karl Robert von Anjou, der Fremde aus dem französischen Stammland, auf den verwaisten Thron. Nun endlich lebten die Ungarn einmal. Endlich ließ ihnen die Zeit Atem genug, um Schlösser und Häuser zu bauen, die Kultur zu pflegen und den Wein zu trinken, der so üppig auf manchen Hügeln wuchs.

Zweifellos war es eine der glanzvollsten Epochen ungarischer Geschichte, als die Anjous die Geschicke des Landes bestimmten. Ein kurzes, glückliches Mittelalter, erfüllt von Gotik, abgelöst von Renaissance und Humanismus, bereichert durch die Übernahme der polnischen Krone für Ludwig den Großen und der römisch-deutschen Kaiserkrone für König Sigismund. Erstmals trug ein Haupt die im Jahre 1000 von Papst Sylvester II. verliehene „Heilige Ungarische Königskrone“ und die Kaiserkrone des Heiligen Römischen Reiches. Dieses Haupt gehörte einem Mann, der schon deshalb ein Ungar par excellence sein mußte, weil er jene stolzen Reiter erfand, die als Husaren in die Geschichte eingingen.

Ein Ungar? Das ist die historische Tragödie des Landes. Seit dem letzten Herrscher aus dem Haus der Árpáden wurde Ungarn mit einer einzigen Ausnahme nur mehr von ausländischen Königen regiert. Zuerst herrschten die Anjous, dann die Habsburger, den Habsburgern folgten die polnischen Jagellonen und den Jagellonen wiederum die Habsburger.

Seit Karl Robert von Anjou blühte der Feudalismus in Ungarn. Man baute Burgen, kleine Schlösser, man ging auf die Jagd, man trank und tafelte, bewirtete die durchziehenden Kreuzzügler und lernte von den rückflutenden Eroberern viele neue Gewürze kennen. Auf den Tisch kam Wild und spießgebratenes Fleisch, kamen Hühner, Tauben, Gänse, Fisch und allerlei Kesselgerichte. Fleisch – welcher Art auch immer – kam jedoch nur auf die Tische der Reichen. Die Nahrung der Armen blieben Breie, Milch, Kohl, *tarhonya* und Suppen.

Erst im 13. Jahrhundert setzte sich das Brot gegen die Breie durch, und damit verfeinerten sich auch die Tischsitten. Man nahm Fleisch nicht mehr mit den Fingern aus dem Topf, sondern mit Hilfe einer Brotkruste, wie man es bei den durchziehenden Rittern aus Frankreich gesehen hatte.

Nur ein einziges Mal, 1458, zwei Jahre nach dem Sieg des Gubernators János Hunyadi bei Belgrad über die Türken, wählten die im Reichstag versammelten Adeligen unter dem Jubel des Volkes einen ungarischen König: Matthias, den Sohn des János Hunyadi. War er auch kein reinblütiger Ungar, so brach doch die magyarische Leidenschaft des Westwärtsrittes während seiner Regierungszeit noch einmal durch: Mit seinem „schwarzen Heer“ eroberte der junge Mann mit dem Raben als Wappentier nicht nur Böhmen, Schlesien und die Lausitz, sondern auch die Steiermark, Kärnten, Niederösterreich und Wien. Fünf Jahre lang hielt er in Wien hof, ein prunkvoller Renaissancekönig, der sich mit Gelehrten und Künstlern umgab und während dessen Regierungszeit unter der Patronanz seiner neapolitanischen Gattin Beatrice

Ein Blatt aus der ungarischen Bilderchronik des 14. Jahrhunderts. Der Sieg des deutschen Kaisers Heinrich III. über Samuel Aba 1044 in der Schlacht von Ménfö. Mitte: die große Schlacht, rechts im Bild: der deutsche Kaiser beim Dankgebet, darunter: Abas Tod.

Links: Der glanzvolle Renaissancekönig Matthias Corvinus besaß eine mit kostbaren Werken reich bestückte Bibliothek, die unter der Türkenherrschaft jedoch in alle Welt zerstreut wurde.
Rechts: Ein Renaissancefresko aus dem Königspalast von Esztergom.

von Aragon italienische Kultur, Lebensart und Küche in den Schlössern Einzug hielten. Ja, auch Küche, denn Beatrice, mit den Kochkünsten des italienischen Maestro Martino vertraut, dessen hervorragende Rezepte 1474 erstmals im Druck erschienen, ließ Teigwaren und allerlei Gemüse, Gewürze und Knoblauch, kostbaren Zucker aus Zypern, Reis, Spezialitäten aus der arabischen Küche und – möglicherweise – sogar die Salami nach Ungarn exportieren. An den königlichen Hof kamen italienische Konditoren, die für den süßen Nachtisch sorgten, es gab Konfekt, kandierte Früchte, es gab Obstlikör, es gab Krapfen, Mandelküchlein und Zuckeräpfel.

Längst war Ungarn nun schon ein kulturell hochstehender Staat, der dem Florenz der Medici auch im Festefeiern nacheiferte. Im königlichen Palast von Visegrád wurden wöchentlich riesige Mengen Wild aus dem eigenen Wildpark zubereitet, und zu glänzenden Anlässen floß Weiß- und Rotwein aus den Brunnen im Innenhof. Beinahe zeigten die königlichen Bankette der Renaissance noch einmal all den Glanz und den Prunk des antiken Rom. Zwar lag man auch während eines vierziggängigen Menüs nicht mehr auf gepolsterten Bänken bei Tische, schließlich kannte man Löffel und Messer, aber Ungarns König Matthias kannte noch keine Gabel. Nun galt er zwar als überaus artiger Esser, der so fein zu speisen verstand, daß seine Finger niemals fettig wurden, doch Gemahlin Beatrice war es wohl leid, die mundgerecht zerschnitten aufgetragenen Gerichte noch immer mit der Brotkruste oder mit kleinen Spießchen aufzupicken.

Am heimatlichen Hof von Aragon war man längst im Umgang mit Gabeln geübt, wobei die Kenntnis vom neuen Eßwerkzeug über die byzantinische Gemahlin eines venezianischen Dogen nach Italien gelangt war. Seit 1423 unterschied man am Hofe von Aragon zwischen drei- und zweizinkigen Vorlegegabeln und Eßgabeln, und wenige Jahrzehnte später aß man dann auch am königlich ungarischen Hof nicht mehr „fein artig mit den Fingern".

Das Volk hatte jedoch weder am Eß- noch am Besteckluxus teil, es blieb bei seinen Kesselgerichten, beim Löffel und gab in den *bogrács,* was es gerade hatte. Wild, Fisch und Geflügel waren allerdings nicht darunter, denn die Fischgewässer befanden sich fast ausschließlich im Eigentum der adeligen Grundbesitzer, und Wild und Geflügel galten als „Herrenspeisen". Brot spielte allerdings schon früh eine große Rolle.

Bereits im Ungarn der Landnahmezeit baute

man in der Tiefebene Getreide an, mahlte es und buk daraus Brot. Man buk es zu Hause, die Begüterten hielten sich Hausbäcker, und alle anderen schoben es in die eigenen großen Backöfen. So entwickelte sich das Bäckergewerbe in Ungarn eigentlich erst spät, erst im 16. Jahrhundert entstanden die Bäckerzünfte. Johann Amos Comenius, der berühmte Pädagoge, übrigens Sohn einer aus Siebenbürgen nach Mähren ausgewanderten ungarischen Müllersfamilie, unterrichtete einige Zeit am reformierten Kollegium von Sárospatak, und hier entstand auch in der Druckerei der Familie Rákóczi ein Teil seines reich bebilderten Hauptwerkes *„Orbis sensualium pictus"*. Darin setzt er sich auch ausführlich mit dem Brotbacken auseinander. „Der Bäcker soll das Mehl sieben", heißt es dort, „in einem dickmaschigen Sieb, und dann in den Backtrog schütten. Danach gießt er Wasser zu und knetet mit Hilfe der hölzernen Schippe einen Teig, aus dem er Brote, Wecken, Semmeln und Brezeln formt."

Comenius sprach allerdings erst gegen Mitte des 17. Jahrhunderts über Semmeln und Brezeln. Nach dem Tode König Matthias' 1490 in Wien, wo er 1485 als Sieger eingezogen war und fünf Jahre lang gelebt hatte, betrug die

Einwohnerzahl Ungarns viereinhalb Millionen. Mit seinem Tod waren die „goldenen Jahre“ jedoch vorbei und die „kupfernen“ begannen. Plötzlich spielten auch die Fugger in Ungarn eine Rolle: Da man im rohstoffarmen Orient und in Indien plötzlich Gewürze nicht mehr gegen Bargeld verkaufen, sondern nur mehr gegen Kupfer eintauschen wollte, kamen die großen Augsburger Handelsherren mit den ungarischen Kupferbergwerken ins Geschäft. Zwischen 1526 und 1539 verkauften die Fugger 267000 Zentner Kupfer aus Ungarn, um über Antwerpen ihre führende Rolle auf dem Pfeffermarkt weiter auszubauen. Die Ungarn selbst genossen den neuen Boom nur kurze Zeit, denn während Ungarns hoher Adel mit Ungarns niederem Adel stritt, während die Bauern rebellierten und die Habsburger mit den Jagellonen um die ungarische Krone rauften, sattelten die Türken ihre Pferde. Sie ritten aus dem Osten an, und als sie 1541 schließlich Buda besetzten, hielten es die Fugger doch für richtiger, sich aus dem ungarischen Geschäft zurückzuziehen.

Für die ungeheuer lange Spanne von hundertfünfzig Jahren wurde Ungarn nun Flüchtlingsland, Kriegsgebiet, Aufstandsort, eine dreigeteilte Region: Im Westen regierten die Habsburger unter dem Zeichen der Heiligen Krone, im einstmals selbständigen, aufmüpfigen, die Habsburger oft bekriegenden Siebenbürgen herrschte ein *Princeps transsylvaniae,* und die große Mitte, die Ebenen um Donau und Theiß, wurde einschließlich der ungarischen Hauptstadt türkisch.

Die Prächtigkeit der Sultane jener Tage, in Istanbul zu Hause, schwang jedoch nicht bis ins ferne Ungarn aus. Hier lebte ein Soldatenvolk in den Ruinen der eigenen Zerstörungswut, zwischen neugebauten Bädern und zu Moscheen umgewandelten Kirchen. Die Osmanen lebten eher karg aus requirierten Beständen der entvölkerten Pußtadörfer, und erst die Nachzügler der Folgegeneration brachten Türkisches mit: Rezepte für scharfe Fischsuppen und übersüße Mehlspeisen, die sich später in die ungarischen Strudel verwandeln sollten, Anleitungen für das Kochen mit Joghurt und Sauermilch, die Idee der Krautrouladen, den Kaffee und – davon wird später an anderer Stelle noch die Rede sein – den „türkischen Pfeffer“ oder Paprika.

Es waren unruhige, friedlose, exzentrische Zeiten, die sich immer wieder im Kampf und Heldentum der Grenzburgenbesatzungen niederschlugen, wovon heute noch die vielen malerischen Ruinen zeugen.

„Von Gottes Gnaden, des im Himmel waltenden Gottes“, lautete die Kriegsansage Mohammeds IV. an Kaiser Leopold I. im Jahre 1683, „verpfänden Wir, Mula Muhamed, glorreicher und allmächtiger Kaiser von Babylon und Judäa, vom Orient und Okzident, König der irdischen und himmlischen Könige, Großkönig von Arabien und Mauretanien, Gebieter und Herr vom Grabe des gekreuzigten Gottes der Ungläubigen und ruhmgekrönter König von Jerusalem, Dir, römischer Kaiser, und Dir, polnischer König, und allen Euren Anhängern Unser heiligstes Wort, daß Wir im Begriffe sind, Euere Ländchen mit Krieg zu überziehen – Und führen Wir mit Uns dreizehn Könige mit einer Million und dreihunderttausend Kriegern an Fußvolk und Reiterei und werden, Kaiser, Dein Ländchen ohne Gnade und Barmherzigkeit von Hufeisen zertreten und dem Feuer und dem Schwerte überantworten lassen. – Vor allem befehlen wir Dir, in Deiner Residenzstadt Wien Uns zu erwarten, damit Wir dort Dich köpfen können.“

Leopold hatte keine Lust zu warten, er wich nach Regensburg aus, und wenig später folgte ihm auch der ungarische Verweser Paul Esterházy. Noch im selben Jahr belagerte das türkische Heer Wien und wurde nach Zerstörung zahlloser ungarischer Grenzdörfer für alle Zukunft nach Hause geschickt. Als Prinz Eugen 1717 die Türken bei Belgrad entscheidend schlug, waren weite Teile Ungarns nur mehr ein Haufen Trümmer, aber das Land war frei.

Frei? Nun erlebte Ungarn zwei österreichisch dominierte Jahrhunderte, das achtzehnte und

Die berühmte ungarische Fischersuppe halászlé *wird gerne im Freien über offenem Feuer gekocht. Aus den fischreichen ungarischen Seen und Flüssen fängt man sich dazu frischen Fisch, bereitet ihn sorgfältig vor und kocht ihn mit viel Paprika im großen Henkeltopf, dem* bogrács, *zu einer schmackhaften Suppe.*

Ein Husar, einer jener stolzen Reiter, die in ganz Europa Berühmtheit erlangten.

das neunzehnte. Soweit man denken kann, war die ungarische Geschichte immer ein Melodram um gequälten Stolz und Fremdherrschaft und vom nie aufgegebenen Versuch, alle Fesseln zu sprengen. Politisch waren jedoch diese Versuche, sich von fremder Oberaufsicht zu befreien, immer wenig erfolgreich. Dennoch bedeutete, Ungar zu sein, in allen Zeiten etwas absolut Eigenständiges, denn im Umland von Donau und Theiß betrieb man alles mit Leidenschaft, auch die Verteidigung alles Ungarischen von der ungarischen Seele über die ungarische Kultur bis zur ungarischen Lebensart.

Tatsächlich trafen im ersten nachtürkischen Jahrhundert, im achtzehnten, vielerlei Strömungen aufeinander. Riesige Gebiete und unglaubliche Vermögen sammelten sich in den Händen von Magnaten, und aus vielen Teilen Europas strömten Neusiedler herbei. Viele Deutsche und Südslawen, wie Schokazen, Bunjewazen und Kroaten, bezogen die entvölkerten Gebiete im Süden des Landes, Rumänen strömten nach Siebenbürgen ein, und während der Regierungszeit Kaiserin Maria Theresias waren die österreichischen Akzente im Land längst unübersehbar.

Um die historische Situation auf das Kulinarische zu übertragen: In den Schloß- und Adelsküchen vergaß man den ursprünglich italienischen Einfluß, man blickte nun zum Kaiserhof in Wien aus, und hier galten französische Vorlieben. In der Bauernküche wiederum hatte sich all die Jahrhunderte hindurch die Küche der magyarischen Urahnen erhalten, die nun durch eine türkische Hinterlassenschaft bereichert wurde: durch Paprika. Erstmals berichteten Reisende im 18. Jahrhundert, daß sie Fleisch mit „türkischem Pfeffer" bestreut gegessen hätten, „den man dortzulande Paprika nennt und der den Gerichten einen außerordentlichen Wohlgeschmack zu geben vermag".

Wollte man ein Jahrhundert der ungarischen Küche krönen, so müßte es wohl das achtzehnte sein, denn damals entstanden all jene Gerichte, die, mit Paprika und saurer Sahne zubereitet, heute als unverwechselbar und typisch ungarisch gelten. Sie entstanden in der ländlichen und bürgerlichen Küche, während der Adel weiterhin der Haute Cuisine frönte und über die stark mit Paprika gewürzten Speisen eher die Nase rümpfte. So erscheint auch erklärlich, daß ungarische Kochbücher zu Beginn des 18. Jahrhunderts vorwiegend Rezepte für französische Gerichte enthielten und österreichische Kochbücher erst im 19. Jahrhundert Paprika als Würze für ungarische Gerichte erwähnen.

Während adelige und bürgerlich-bäuerliche Küche auch im 19. Jahrhundert noch weitgehend verschiedene Wege gingen, tauchten plötzlich die Zuckerbäcker auf, deren Erzeugnisse ganz allgemein Zustimmung fanden.

Kannte man damals auch schon seit etwa hundert Jahren die über Frankreich und Italien gekommene Eiscreme in Ungarn, gab es auf den Tischen der Magnaten auch längst phantastischen Tischschmuck aus Zucker und Tragant, so war doch die Eröffnung der ersten Konditorei in Budapest im Jahr 1814 ein vielbestauntes Ereignis. Einige andere folgten sehr rasch – meist von Ausländern gegründet –, und geht man von der ungarischen Mehlspeisenrezeptflut im vergangenen Jahrhundert aus, so muß es wohl – zumindest was den Gaumen betrifft – ein süßes gewesen sein. Ein ungarischer Satiriker schrieb damals: „Wir essen Strudel und Torten, Kuchen und Palatschinken, Bonbons und kandierte Früchte, wir naschen Leckereien aus Kandis und Zuckerwerk und lassen uns von den Habsburgern Honig auf die Zunge schmieren, und bei Gott, wenn er nur süß genug schmeckt, merken wir nicht einmal, wenn sie uns damit wie einen Tanzbären einfangen."

Tatsächlich erstreckte sich die Vorliebe für Zuckerbäckereien über das ganze ehemalige Habsburgerreich von Spanien bis an die Grenzen Galiziens. Für Ungarn kam aber auch noch das süße türkische Erbe dazu, und wer sich die süßen Näschereien vom Konditor nicht leisten konnte, erfand die gekochten Mehlspeisen, die süßen Nudeln und Knödel, die Pogatscherln und die Puddings, all die vielen Nachspeisen mit der typischen Note, ergänzt durch Palatschinken, Strudel und Krapfen. Waren die Grundrezepte auch schon seit langer Zeit bekannt, so wurden im 19. Jahrhundert die Füllungen und Garnituren immer phantasievoller.

Auch die Fleischküche nahm mehr und mehr an Rezepten zu. 1894 zählte man in Ungarn 1,7 Millionen Pferde, 4,8 Millionen Rinder, 10,5 Millionen Schafe und 4,8 Millionen Schweine, dazu ungezähltes Federvieh und 750000 Bienenstöcke. Das Wort von der „Vorratskammer Europas" traf damit wirklich zu, und die Feste der reichen Landbesitzer wurden sprichwörtlich. Man aß gut und viel, jedoch weniger feinschmeckerisch als deftig, und jedes Essen wurde zelebriert und mündete nicht selten in einem Tage dauernden Gelage.

Während der Budapester „belle epoque" um die Jahrhundertwende traten mit der Dynastie der Gundels die ersten ungarischen Kochkünstler auf, die internationalen Ruf erlangten und zu denen Feinschmecker aus der ganzen Welt pilgerten. Obwohl vorwiegend in Frankreich ausgebildet und ganz gewiß von Auguste Escoffiers *„Le Guide Culinaire"* beeinflußt, gelang es ihnen, neben internationalen Köstlichkeiten auch eine ungarische Küche zu kreieren, die allmählich weltweit mit Begeisterung aufgenommen wurde. Mit ein wenig französischem Flair gestalteten sie die „Paprikaküche" hoffähig, und Gerichte à la Gundel zählen heute noch zum Feinsten vom Feinen.

Daß Ungarn vor dem Ersten Weltkrieg ein Nationalitätenstaat war, zusammengemischt aus 7 Millionen Ungarn, 2 Millionen Deutschen, aus Slowaken, Rumänen, Ruthenen, Kroaten, Serben, Wenden, aus Armeniern und Zigeunern, blieb selbstverständlich nicht ohne Einfluß auf die örtlichen Speisezettel.

Kaum eine Küche der Welt hat jedoch so viele einströmende Küchengeheimnisse so sehr dem eigenen Geschmack angepaßt wie die ungarische. Und nur wenige Völker haben es verstanden, die Kochgewohnheiten der Urahnen zu bewahren, zu modifizieren und den wechselnden Gegebenheiten anzupassen, ohne sie wirklich völlig zu verändern. Den Ungarn ist es gelungen. Ihre Küche ist heute typischer als die meisten Küchen der Welt.

Diese „typische Küche" hat auch allen äußeren Veränderungen im 20. Jahrhundert getrotzt. Alle Spezialgerichte früher zu Ungarn zählender Gebiete wurden fast ausnahmslos übernommen und in das klein gewordene Ungarn „eingemeindet": Zumindest in der Küche haben sie das Erbe begeistert angetreten.

Oben: Ungarn besitzt zwar keinen Zugang zum Meer, mit Donau und Theiß verfügt es jedoch über riesige Flußlandschaften, die das Antlitz des Landes entscheidend prägen. Hier die Theiß mit ihren zahlreichen Mäandern und Altwasserarmen.
Links: Schnitter bei der Schilfernte. Nach uralter Tradition wird das Schilf noch immer mit der Hand geschnitten.

Eßgenuß im Überfluß

Ungarn, das sind drei große Landschaftsgebiete: Transdanubien, die Große Tiefebene und Nordungarn. Das sind 417 Stromkilometer Donau, 579 Stromkilometer Theiß und 591 Quadratkilometer Balaton.

Ungarn, das sind 10,7 Millionen Menschen in 19 Komitaten, darunter ethnische Minderheiten wie 200 000 Deutsche, 100 000 Slowaken, 100 000 Serben und Kroaten und 25 000 Rumänen. Das sind besondere ethnographische Gruppen wie 350 000 Zigeuner, die Bewohner der Raabinsel, der Őrség, jene von Somogy und Sárköz, die Nachfahren der Kumanen, Jazygen und Heiducken in der Großen Tiefebene, die Leute der Nyírség, der Bodroginsel, der Rétköz und die Gruppen der Palótzen und Matyós im nordungarischen Oberland.

Das Zusammenleben so vieler Volksgruppen innerhalb der Landesgrenzen führte zwangsläufig zu einem gewissen Regionalismus in der Küche, der sich in vielen Rezeptvarianten niederschlägt und besonders viele Speisen mit Ortsnamen versieht.

Gewiß, man bevorzugt landesweit Gerichte aus Schweinefleisch und Schweinefett, man würzt mit Paprika, Zwiebeln und Majoran, man zieht gekochte Gemüse den Salaten vor, man ißt zu schwer und ißt zu viel, aber ein Bakonyer Schweinekotelett ist mit einem Bácskaer kaum verwandt, ein Debreziner Schweinekotelett nicht mit einem Somogyer und eines aus der Ormánság schon gar nicht mit einem aus Temesvár.

Mag die Statistik auch die ungarischen Kaloriensünder überführen: Sie essen pro Kopf 77 kg Fleisch im Jahr, 180 kg Molkereiprodukte ohne Butter, 20 kg Schweinefett, außerdem 112 kg Mehl und Reis und 320 Eier. Dennoch verdecken Gemeinsamkeiten dieser Art keineswegs das kulinarische Lokalkolorit. Natürlich gibt es auch eine Erklärung für so viel Küchenseparatismus: Die Grundlagen der ungarischen Eßgewohnheiten – so wie wir sie heute kennen – entwickelten sich im friedlosen 17. Jahrhundert, zur Zeit der Dreiteilung des Landes in eine türkische, eine österreichische und eine siebenbürgische Einflußzone, und im exzentrischen 18. Jahrhundert, in dem österreichische Oberhoheit das Leben prägte; nicht zuletzt prägte durch Hereinrufung von Rumänen ins widersetzliche Siebenbürgen, durch Ansiedlung vieler schwäbischer Bauern im Alföld und vieler serbischer Familien im Banat.

Heute kann man Ungarn – zumindest großräumig – in sechs kulinarische Zonen einteilen: in das Gebiet westlich der Donau mit den Schwerpunkten Balaton und Bakony, in Budapest und sein Umland, in das Gebiet zwischen Donau und Theiß mit Kalocsa, Kecskemét und Szeged, in Ost-Ungarn jenseits der Theiß mit Makó, Gyula, Debrecen, der Hortobágyer Pußta und der Nyírség, in Nord-Ungarn mit Eger, Zempléner Gebirge mit Tokaj und in Siebenbürgen.

Ja, auch Siebenbürgen ist zu Ungarns kulinarischen Regionen zu zählen, obwohl das Land seit 1919 mit einer kurzen Unterbrechung zu Rumänien gehört. 1,7 Millionen Ungarn leben jedoch auch heute noch in diesem Gebiet, und ihre Vorfahren hatten Jahrhunderte hindurch die ungarische Küche ganz entscheidend mitgeprägt.

Transdanubien, das Land westlich der Donau, könnte man nicht besser mit dem Küchenvokabularium beschreiben, als dies im Volkslied geschieht:

Balaton ist voll von Fischen,
groß und klein,
groß und klein und jung und alt,
viele Eichen wachsen im Bakonyerwald,
wachsen im Bakonyerwald.
Fischer hat zu essen,
Schweinderln haben Fressen.
Balaton, Balaton, Bakonyerwald.

Transdanubien, lange Zeit österreichisch dominiert und lange Zeit Grenzland zu Österreich, war immer für alle Einflüsse offen. Historisch von den Römern ans Licht der Geschichte geholt, von Árpádenfürsten mit Burgen, Kirchen und Klöstern bestückt, von Königen zum Wohnsitz auserkoren und von Kaisern besucht, ist das Gebiet auch heute noch – unter Einbeziehung von Budapest – eine Art Ungarn erster Klasse. Ein österreichischer Reisender berichtete zu Beginn des 19. Jahrhunderts: „Wo immer ich Besuch machte, bogen sich die Tische unter der Last der Speisen. Kein Wunder, daß derselbige Wanderbursch aus dem Märchen sein Zaubertüchl just an die Ufer des Plattensees legen wollte, denn hier gibts allem Anscheine nach, das Feinste vom Feinen."

Adelige Jagdgäste aus halb Europa, früher Bädertourismus und frühe Segelenthusiasten – schon 1753 fuhr das erste Segelschiff der Familie Festetics über den Balaton – brachten die Westecke Ungarns mit der „feinen Küche" in Kontakt, lange bevor die übrigen ländlichen Regionen Fremdeinflüsse in ihrer Bauern- und Hirtenküche zuließen.

Aus Transdanubien kommen jedoch nicht nur die berühmten *fogas*-Rezepte nach Tihanyer, Keszthelyer und Füreder Art, kommt nicht

Die Prachtbauten des 19. Jahrhunderts und die imposanten Brückenbauwerke, die Buda und Pest verbinden, vermitteln ein Großstadtflair, das den Glanz vergangener Zeiten in die Gegenwart herübergerettet hat.

nur die ausgezeichnete *halászlé,* die seit jeher mit der Szegeder Fischsuppe Positionskämpfe über den Grad der Beliebtheit austrägt, von dort kommen auch die vielen Bakonyer Rezepte.

Der Bakony, das große waldbedeckte Bergland, steht für Schweinefleisch, Pilze, Gänse, die aus dem westlich angrenzenden Gebiet bezogen werden, und für – Räuber. Die „Bakonyer Bauernpfanne", das mit Pilzen zubereitete „Kotelett vom Bakonyerschwein", die fette „Bakonyer Gänseleber", all die deftigen, gut gewürzten Gerichte müssen längst mit modernen Räubergerichten konkurrieren. Seit Fremdenverkehrsexperten die Romantik der Betyaren, jener im Dunkel des Waldes agierenden, volkstümlichen Räuber vergangener Jahrhunderte wiederentdeckt haben, spielen „Räuberfleisch" und „Betyarenspieß", „Betyarenpalatschinken" und „Paprikás Betyaren Art" ein große Rolle.

Budapest, „das schon immer eine desperate und eine ungereimte Stadt war", das erst 1872 aus Buda, Pest und Óbuda zu einer Stadt zusammenwuchs, wurde gegen Ende des 19. Jahrhunderts eitel. „Es ist nötig", hieß es in einer Ausschreibung, „daß Budapest einen Stadtteil habe, der den Charakter des Weltstadtglanzes an sich trägt, in dem die Erfordernisse und Ansprüche der Eleganz und Sauberkeit, der Schönheit und des Komforts Befriedigung finden ..." Daraufhin baute Budapest, es baute ein Stück Paris nach, ein Stück Wien, ein Stück Florenz und zimmerte sich jene Belle Époque, die als glanzvollste in die neuere Geschichte der Hauptstadt einging. Elegante Restaurants mit französischen Vorlieben und französisch beeinflußten Speisekarten öffneten ihre Pforten und klammerten die rein ungarische Küche vorerst ziemlich aus. Sie wurde erst später verfeinert präsentiert und wurde erst in den letzten Dezennien selbstbewußt genug, um auch die Speisekarten der noblen Restaurants zu beherrschen. Gerichte, die spezifisch in Budapest kreiert wurden, führen oft die

Namen ihrer „Erfinder", wie „Dobos-Torte", „Ujházy-Hühnersuppe", „Gundel-Palatschinken", dazu kommen Gerichte „à la Gundel" oder „à la Gellert", nach berühmten Restaurants benannt, die schon fast zu den Küchenklassikern zählen.

Eine große Pastete erfüllt ihren Zweck,
der gebeizten Rehkeule zu dienen als Versteck,
gar fein gespickt mit geräuchertem Speck.
(Ankündigung für ein Festessen,
16. Jahrhundert)

Schon die älteste Sage über den Ursprung der Magyaren erzählt von zwei Brüdern, die einen Hirsch jagten und dabei auf ihre neue Heimat stießen. Seit vielen Jahrhunderten ist der große Wildreichtum der ungarischen Felder und Wälder fast sprichwörtlich. Zu König Matthias' Zeiten wurden ungeheure Mengen Wild aus den Parks von Buda und Visegrád an die königliche Tafel geliefert. Später wurden die Treibjagden der Habsburger und die

Links: Blick auf Budapest. Ein Viertel aller Ungarn lebt in der Hauptstadt. Sie ist Herz und Zentrum des Landes und Verbindung zur Außenwelt.
Oben: Der Balaton, größer als Genfer oder Bodensee und wärmster See Europas, ist ein Paradies für Angler, Weintrinker und Urlauber.

Herbstjagden der Fürsten Esterházy berühmt und mit den jagdlichen Festessen, die bis zu 40 Gänge umfassen konnten, auch die Wildrezepte. Die Esterházyschen Auerhahn- und Fasanensuppen, die Wachtelgerichte mit den gedünsteten Quitten, die in Kohlblätter gehüllten Fasane, die in Burgunder gedünsteten Hirschkeulen und Wildschweinschnitzel mit Hagebuttencreme haben alle ihren Ursprung in den westungarischen Schlössern.

Einfacher, bodenständiger präsentiert sich die Küche des Donau-Theiß-Zwischenstromlandes. „Hier im Tiefland, das sich flach und endlos dehnt …", breiten sich auf riesigen Flächen in der Umgebung von Kecskemét die größten Aprikosengärten des Landes aus, und rund um Kalocsa erstreckt sich die Paprikaanbaufläche über 32 Dörfer und 3500 Hektar Boden. Hier haben alle Aprikosen-Süßspeisen und alle mit *barack pálinka*, dem ungarischen Aprikosenschnaps, zubereiteten Gerichte und alle *paprikás* ihre Urheimat. Dazu kommen die ursprünglichen Hirtengerichte aus der Bugac-Pußta, die „Speckbratspieße" und die Fischspezialitäten vom Donauufer, wie „Gebackener Wels" oder „Gefüllter Hecht". Eine Sonderstellung nimmt jedoch Szeged am Theißufer ein. Szeged war in der türkischen Periode Mittelpunkt des sultanschen Großgrundbesitzes, und wenn man dem ungarischen Chronisten János Varga trauen darf, buk eine Szegeder Hausfrau den ersten, einem türkischen Rezept nachempfundenen, ungarischen Strudel.

Vielleicht! Sicher ist hingegen, daß sich die Szegeder Fischsuppe deutlich von der Balatoner Fischsuppe unterscheidet: Sie ist dick und fett und besonders würzig, wenn auch noch das Blut der Fische mitgekocht wird.

Aus Szeged kommt aber auch noch die berühmte Salami und das im Ausland als „Szegediner" bekannte Gulasch, das aus der Reihe tanzt, weil es als einziges Gulasch mit Sauerkraut und saurer Sahne zubereitet wird.

Das Tiefland jenseits der Theiß in der ostungarischen Ecke ist eintönig, trocken, die Dörfer liegen weit auseinander, und die Landwirtschaft spielt eine große Rolle. Aus der berühmten Zwiebelgegend von Makó kommen Rezepte wie das der „Zwiebelkartoffeln“ und der mit Zwiebeln zubereiteten „Griebenpogatschen“, aus Gyula die Omeletten und die Gemüsetöpfe mit der scharf gewürzten Gyulaer Wurst und aus Debrecen die deftigen, mit Speck und Wurst gebratenen „Debrecener Schweinekoteletten“ und der mit Pilzen gedünstete „Debrecener Lendenbraten“.

Westlich von Debrecen breitet sich die Pußta von Hortobágy aus. Während ihrer größten Ausdehnung maß sie mehr als 10 000 Quadratkilometer, sie war die Landschaft der ungarischen Dichter, „Spiegel und Wiege des ungarischen Volkes“, sie war herb, abweisend, ausgeglüht, sie versprach Herden und Hirten ein wildes, freies Leben, aber Isolation

Oben: Die Pußta, so wie man sie sich traditionell vorstellt, gibt es nur noch in einigen wenigen Reservaten wie der Hortobágy-Pußta, dem ersten ungarischen Nationalpark. Der größte Teil der Pußta wird heute bewässert und landwirtschaftlich genutzt.
Rechts: Ein csikós, der ungarische Pferdehirte, in seiner überlieferten Tracht.

im Raum und in der Zeit. In den beiden letzten Jahrzehnten hat sich jedoch viel verändert. 520 Quadratkilometer Pußta wurden zum Nationalpark erklärt, und ein großer Teil der Restfläche wurde gebändigt, bewässert, urbar gemacht. Die Romantik wurde ins Hirtenmuseum verbannt.

Vor etwas mehr als hundert Jahren schrieb F. Umlauft im „Geographischen Handbuch der Österreichisch-Ungarischen Monarchie“: „Die ungarischen Steppen entwickeln ein freies, ungebundenes Naturleben bei den Hirten, diesen echten Natursöhnen, diesen Mustersöhnen einer unverfälschten Rasse, welche das Gepräge des magyarischen Volksstammes in seiner größten Reinheit und Naturwüchsigkeit an sich tragen. Sie sind ein schöner, kräftiger Menschenschlag, der in der Steppe aufwächst und sein ganzes Leben in derselben verbringt ... Hier ist das Reich des ritterlich kühnen Csikós oder Roßhirten, des berühmtesten, edelsten, gewandtesten und verwegensten ungarischen Hirten ...“

Neben dem *csikós,* der auf seinem Pferd „wacht, schläft, ißt, trinkt, lebt und manchmal auch stirbt“, gab es noch den Rinderhirten *gulyás,* der die zur Mast bestimmten Ochsen hütete, den Kuhhirten *csordas,* den auf einem Esel reitenden gutmütigen Schafhirten *juhasz* und den etwas verrufenen Schweinehirten *kanasz.* Ihnen allen verdankt die ungarische Küche einen beachtlichen Teil ihrer Eintöpfe. Daß die meisten Hirtengerichte jedoch nach dem *csikós* und dem *gulyás* benannt wurden, entspricht einer gewissen Rangordnung: Sie waren die angesehensten des Berufes, stark, mutig, ungemein geschickt. Wenn auch, nach Berichten von S. Steinhard, „der Csikós nicht selbst Räuber ist, so hegt er wenigstens für das Räuberhandwerk, das für alle rohen Menschen einen gewissen romantischen Reiz besitzt, eine starke Zuneigung und hilft nach Kräften denen, die es betreiben“.

Etwas verrufen dagegen waren die Kanaszen. Als Schutzwaffe gegen Raubtiere und als Wurfgeschoß diente dem *kanasz* seine *balta,* eine kurzgestielte Handaxt mit einem bleiausgegossenen Stiel. Mit dieser Axt erlangten die Kanaszen durch ständige Übung eine solche Geschicklichkeit, daß es ihnen möglich war, „Mensch und Tier durch einen gezielten Wurf ins Genick zu töten“. Waren Mörder unter den Kanaszen jedoch eher selten, so waren sie mit einiger Vorliebe Schweinediebe, „in dem sie jedes beliebige Stück einer Herde durch einen einzigen Wurf mit der Balta auch auf größte Entfernung niederstreckten“. Von den ungarischen Schweinehirten galt jedenfalls das Sprichwort: „Der Kanasz ist sicher vor jedem, aber keiner ist sicher vor ihm.“

Bei derlei zweifelhaftem Ruf ist es nicht weiter verwunderlich, daß die ungarische Küche keines ihrer Gerichte nach den verrufenen Kanaszen benannt hat.

Fast alle Rezepte nach „Hortobágyer Art“ sind jüngeren Datums und haben mit den echten Hirtenrezepten wenig zu tun. Zu den allerjüngsten gehören verschiedene Rezepte über die Zubereitung von Perlhühnern, die seit einiger Zeit auf dem Staatsgut Hortobágy in großen Mengen gezüchtet werden.

Nördlich der Hortobágy liegt die Nyírség, ursprünglich eine sehr arme Gegend, für die Attila Józsefs Gedicht „Sag, was wird" wohl einmal zutreffend gewesen sein könnte:

Und was wird dem die Zukunft bringen,
des Stoppelfeld fünf Morgen mißt,
dem im Gespann nie Ochsen gingen,
den Sorge um die Miete frißt,
auf dessen Hof ein Huhn nur gackert,
aus dessen Eßnapf Dampf steil steigt,
wenn er am Abend abgerackert,
die Kinder fütternd, sitzt und schweigt?

Der heutige Apfelreichtum der Nyírség geht auf einen österreichischen Adeligen zurück, der gegen Ende des 19. Jahrhunderts mit ungeheurer Mühe versuchte, den Bauern die Apfelbaumpflanzungen schmackhaft zu machen. Vergeblich. Erst als er eine riesige Wagenladung Setzlinge kommen ließ und Wachen aufstellte, um sie gegen Diebstahl zu schützen, verschwanden alle Pflanzen in einer einzigen Nacht.

Heute ist die Nyírség ein riesiger Apfelgarten, und in ihrem Sandboden gedeihen auch ausgezeichnete Kartoffeln, im Grunde genommen die besten des Landes. Von den Rezepten sind hier die „Apfelaufläufe", die „Gebackenen Äpfel", die „Apfelstrudel" und viele „Kartoffeltöpfe" und „Kartoffelpfannen", die mit Speck, Wurst, Zwiebeln, Paprika und saurer Sahne zubereitet werden, zu Hause.

Nordungarn bedeutet sanfte Mittelgebirgslandschaft, bewaldete Bergrücken, wildromantische Täler, Forellenbäche, bedeutet Herbstjagden auf Hirsch und Reh und große Treibjagden auf Schwarzwild. Während sich im Cserhátgebirge die interessante Volksgruppe der Palótzen ihre traditionellen Gerichte bewahrt hat, die „Palótzensuppe" und all die Hammel- und Kleinwildgerichte, macht sich in der historischen Stadt Eger in vielen Süßspeisen noch der türkische Einfluß bemerkbar. Einige Aufläufe und besonders süße Strudel, manchmal mit Honig zubereitet, erinnern daran, daß nach dem Abzug der Türken eine Anzahl türkischer Familien in Eger zurückgeblieben sind und nicht nur alte Kochgewohnheiten beibehielten, sondern auch verbreiteten.

Andererseits verlangen die berühmten Weine aus dem Umland von Eger, besonders das „Erlauer Stierblut", nach einer entsprechend edlen Ergänzung. Es ist vor allem eine Wildküche, zu deren Besonderheiten „Wildschweinbraten mit Hagebuttenmus", in Wein gedünstete „Hirschkeule", „Waldschnepfe im Räucherspeckmantel", „Palatschinken mit Wildbretfüllung" und gelegentlich sogar Gerichte aus Mufflon, das im Mátra-Gebirge beheimatet ist, zählen.

Das Zempléner-Gebirge im Nordostwinkel des Landes, dicht an der tschechoslowakischen Grenze, ein paar sanfte Hügel vulkanischen Ursprungs, kaum ein halbes tausend Meter hoch, liegt im ungarischen Abseits. Es ist ein Stück Bauernland mit kleinen Nestern, kleinen Häusern mit großen Toren, mit vielen Gänsen, allenfalls Schafen, und am Südrand dehnt sich das berühmte Weinbaugebiet von Tokaj-Hegyalja aus. In dieser heutigen Grenzlandschaft lagen und liegen die Schlösser der Familien Rákóczi und Andrássy. Ihnen gehörte ringsum fast alles Land. Kulinarisch begegnen uns ihre Namen jedoch vorwiegend in Phantasierezepten wieder. So gibt es „Topfenkuchen à la Rákóczi", „Rostbraten à la Rákóczi", „Spanferkel à la Andrassy" und „Paprikakitz à la Andrassy".

Ungarn, das nach dem Ersten Weltkrieg durch den Vertrag von Trianon 71 % seines Staatsgebietes und 60 % seiner Bevölkerung verlor, teils an Österreich, teils an Rumänien, Jugoslawien und die Tschechoslowakei, wurde klein, frei und ungarisch. Doch aus dem früheren Nationalitätenstaat waren nicht nur Kroaten, Rumänen und Serben ausgezogen, auch viele Ungarn lebten nun plötzlich jenseits der Grenzen. Das Land büßte wichtige Industrien und Bodenschätze ein, riesige Herden gingen in Siebenbürgen verloren. Nur in der Küche blieb alles unverändert. Die Sie-

Der Norden Ungarns steht für Mittelgebirgslandschaft, traditionelle Lebensweise, Tokajeranbau und Süßspeisen, die den türkischen Einfluß von 150 Jahren Besatzungszeit verraten.

benbürger Rezepte haben sich in der ungarischen Küche ebenso erhalten wie die Rezepte aus der Bácska, aus der Niederen Tatra und dem ungarischen Erzgebirge. Sie bilden genaugenommen einen soliden Grundstock der Landesküche, auf die man sich gerade in den letzten Dezennien wieder uneingeschränkt besonnen hat. Man muß sich nur darüber im klaren sein, daß man heute weder Temesvár noch Kolosvár, weder Székely noch Torda, weder Vajdahunyad noch Kronstadt auf einer ungarischen Landkarte finden kann.

Ungarische Wurstspezialitäten – obere Reihe von links nach rechts: Paprika-Speck, Schinken-Puszta, Picksalami, Szegediner, Herzsalami, Csabaer Kolbász; Mitte von links nach rechts: Körös Kolbász, Gyulai Kolbász, Csabai-Kolbász; vorne: Debrecziner.

Capsicum annuum
Paprika: das rote Gold

Jeder Versuch, den exakten Weg des Paprikas aus fernen Welten bis in die sonnendurchflutete Tiefebene bei Kalocsa und Szeged zurückzuverfolgen, ist bisher gescheitert. Kam er durch Kolumbus aus den Indianerküchen Mittelamerikas nach Spanien und von dort auf verschlungenen Pfaden nach Ungarn? Brachten ihn die Zigeuner auf ihrer langen, langen Wanderung aus Indien mit? Hatten ihn die Türken irgendwo in der Weite des Osmanischen Reiches, das zu jener Zeit große Teile Arabiens und Nordafrikas umfaßte, kennengelernt und auf ihrem ungarischen Feldzug im Marschgepäck?

Wir wissen es nicht. Fest steht nur, daß die ersten Paprikapflanzen Ungarn im 17. Jahrhundert erreichten, in einer kriegerischen, unruhigen Zeit, als die ganze Tiefebene fest in türkischer Hand war und der Sultan seinen Großgrundbesitz im Umland von Szeged mehr und mehr ausdehnen ließ. Der Paprika kam zu einer Zeit nach Ungarn, als die unbändige Würzsucht des Mittelalters längst abgeklungen war, als Venedig seinen Ruhm als Handelsmetropole bereits eingebüßt hatte und als Portugals Gewürzmonopol schon mit allen wirtschaftlichen Folgen an die „Generale Oostindische Companie" der Holländer übergegangen war.

Im 15., 16. und beginnenden 17. Jahrhundert waren um Pfeffer, Zimt und Muskat viele Kriege geführt und schon alle Grausamkeiten begangen worden. Als jedoch die „Alte Welt" in der „Neuen Welt" keine entscheidenden Entdeckungen mehr vor sich sah, verloren allem Anschein nach auch die Gewürze ihre ungeheure Anziehungskraft.

Hatte man Pfefferkörner einst mit Gold aufgewogen und als kostbarstes Geschenk von König zu König weitergereicht, so steckte man Überschußmengen nun in Brand, um in Europa die Preise zu diktieren und künstlich hoch zu halten.

Nun sollte man annehmen, daß der von Kolumbus mitgebrachte „indianische Pfeffer", der sich durchaus in mittelmeerischen Gemüsegärten kultivieren ließ und wohlfühlte, als preisgünstiges Gewürz in Windeseile Europa erobert hätte. Aber es war keineswegs so: Der rote „indianische Pfeffer", rings um spanische Bauernkaten gezogen, erschien den Wohlhabenden nicht exotisch und nicht exklusiv genug. Sie blieben bei ihrer Vorliebe für den teuren schwarzen Pfeffer, der rote hingegen wanderte vorwiegend in die Kochtöpfe des einfachen Volkes.

Geht man von dieser Tatsache und von der historischen Situation des 17. Jahrhunderts aus, so erscheint es jedenfalls sehr wahrscheinlich, daß das Gewürz zuerst von den Türken nach Ungarn gebracht wurde. Die Ungarn übernahmen jedoch nicht die türkische Bezeichnung *karabiber* für Pfeffer oder *kırmızı* für Paprika, sondern sie übernahmen das Wort aus dem Serbokroatischen. Aus *papar* machten sie *paparka,* und aus *paparka* wurde zuletzt *paprika.* Schließlich ist auch der heute in Spanien gepflanzte *pimiento* mit der süd-

Paprika, das Hauptgewürz der ungarischen Küche, ist nicht nur außerordentlich gesund, sondern auch ein wichtiges Exportgut. Die größten Anbauflächen findet man bei Szeged und Kalocsa.
Links oben: Auf riesigen kultivierten Flächen wird hier Gewürzpaprika angebaut.
Links unten: Nach der Ernte werden die Schoten sorgfältig getrocknet.

Rosenpaprika
halbsüß

Delikateß-Paprika
edelsüß

Paprikastand in der Budapester Markthalle. Die Farbe – grün, gelb oder rot – zeigt den jeweiligen Reifegrad des Gemüsepaprikas an.

amerikanischen Pflanze identisch, während der ungarische Paprika der in Indien heimischen Sorte entspricht, die eine kleinere Frucht, aber ein besonders charakteristisches Aroma aufweist.

Solange jedoch die Türken im Land blieben, schien den Ungarn am „türkischen Pfeffer" wenig zu liegen. Erst nach ihrer Vertreibung nahm sich die ländliche Küche des Paprikas an. Er wurde zuerst in Küchengärten angepflanzt, dann getrocknet, zu Pulver vermahlen und zu guter Letzt den Speisen zugesetzt. Erst gegen Ende des 18. und zu Beginn des 19. Jahrhunderts fand das Gewürz allgemein Eingang in die ungarische Küche und läßt sich von dort heute gar nicht mehr wegdenken. Kaum eine Küche der Welt ist auf ein einziges Gewürz so spezialisiert wie die ungarische. Beträgt doch der Pro-Kopf-Verbrauch jährlich rund 500 g Gewürzpaprika, während er in den angrenzenden Balkanländern und in Österreich nur bei etwa 200 g liegt und in Deutschland sogar nur bei 50–100 g.

Während die grünen, gelben und roten Schoten – die Farbe zeigt den Stand der jeweiligen Reife an – als Gemüse erst seit etwa vierzig Jahren in deutsche und österreichische Küchen Eingang gefunden haben, tauchte Paprika als Gewürz bereits zu Beginn des 19. Jahrhunderts in den Kochbüchern auf. Allerdings im wesentlichen nur als Spezialität für ungarische und ungarisch nachempfundene Gerichte. So ähnlich ist es auch heute noch, obwohl der nach Amerika ausgewanderte Ungar Prof. Dr. Albert Szent-Györgyi – 1937 Nobelpreisträger für Medizin – dem Gewürzpaprika einen besonderen Reichtum an C- und P-Vitaminen und an B_1- und B_2-Vitaminen zuschreibt.

In Ungarn werden derzeit sieben Sorten Gewürzpaprika hergestellt, wobei die Schärfe des Pulvers vom Herstellungsverfahren abhängt, bei dem der Schärfestoff Capsaicin und die roten Farbstoffe Capsanthin und Carotin eine große Rolle spielen.

Der nachstehende „Paprikawegweiser“ mag dabei helfen, sich zurechtzufinden:

Edelsüßpaprika, eine der meistverwendeten Sorten, ist ziemlich dunkel und voll in der Farbe. Er wird mittelfein gemahlen und ist von feiner Schärfe.

Delikateßpaprika ist hellrot, mittelfein gemahlen, schmackhaft, ohne scharf zu sein, und unterstreicht den Eigengeschmack der Gerichte, ohne ihn zu überdecken.

Halbsüßpaprika ist relativ hell, von matter Farbe, charakteristischem Gewürzgeruch und mittlerer Schärfe. Wegen seines Zuckergehaltes achte man darauf, ihn niemals in Fett anzurösten.

Spezialpaprika zeichnet sich durch ein glänzendes Rot aus, hat einen angenehmen Würzgeschmack, ist etwas süßlich und mild und fein gemahlen.

Rosenpaprika wird mittelfein gemahlen. Er zählt zu den pikanten, ziemlich scharfen Sorten, die man mit viel Gefühl verwenden sollte.

Sorte mild, ein glänzend hellrotes, mittelfein gemahlenes Pulver, das sein Charakteristikum schon in der Sortenbezeichnung ausdrückt: Ihm fehlt die Schärfe, aber nicht der würzige Geruch.

Sorte scharf sticht in der Farbe von den anderen Sorten ab. Sie erscheint als mittelfein gemahlenes, gelbliches bis hellrotbraunes Pulver und wird von ungewohnten Gaumen als brennend scharf empfunden.

Die Kunst des Würzens allgemein und besonders mit Paprika besteht darin, die dem eigenen Geschmack gemäße Sorte und Menge herauszufinden. Die im Rezeptteil dieses Buches angegebenen Sorten „Edelsüß“ und „Delikateß“, „Spezial“ und „Rosenpaprika“ können durch alle anderen Sorten ersetzt werden, je nachdem, ob man mild oder scharf gewürzte Speisen vorzieht.

Oben: Schilfgedeckte Häuser werden immer seltener. Oft findet man sie nur noch in Freilichtmuseen, oder sie werden von Großstädtern als Sommerdomizil hergerichtet.
Links: So sah einmal eine typische ungarische Bauernküche aus.

Gulyás, pörkölt, tokány und paprikás

Man könnte mit leichter Hand sagen, diese ungarischsten aller ungarischen Gerichte seien jung, kaum zweihundert Jahre alt, seien eine Art Nachwehe der türkischen Epoche, ein verspätetes Gastgeschenk der Osmanen an alle Ungarn zwischen Temesvár und Szigetvár, zwischen Mohács und Budapest. Aber es stimmt nicht.

„Es war einmal ein *bogrács* ...", so müßte die Urgeschichte aller *gulyás* und *paprikás* beginnen, und es wäre die Geschichte jenes einfachen Henkeltopfes, der die Magyaren von allen Anfängen an begleitete. Eine Geschichte, die, soweit wir sie übersehen können, mindestens drei Jahrtausende umspannt. Jahrtausende voller Entbehrungen, Flucht, Wanderschaft, Krieg, Eroberung, Unterwerfung, Jahrtausende voller Wandlungen, die aus einem primitiven, nomadischen Leben zu gelegentlichem Ackerbau und zu Viehzucht und schließlich zur Seßhaftigkeit führten.

Der *bogrács* wanderte mit den vorungarischen Stämmen von den Abhängen des Ural durch die Steppen nördlich des Kaspischen Meeres, durch das Reich der Chasaren, über den Kaukasus, an den Nordufern des Schwarzen Meeres vorüber durch halb Europa und wieder zurück zum Donauknie. Was die nomadischen Stämme in ihrem Reisekochkessel tatsächlich zubereiteten, ist weithin unbekannt geblieben. Eins steht jedoch fest, es waren suppige Gerichte, die teils aus Vorräten, teils aus gesammelten Kräutern, Wurzeln und Pilzen bestanden haben mögen.

Aus Vorräten wie *tarhonya,* den kleinen, harten Teigkügelchen, aus getrockneten Fischen oder in Streifen geschnittenem, luftgetrocknetem Fleisch.

Aus Kräutern und Gewürzen, wie wildem Löwenzahn, zarten Brennesselblättern, Minze, Eisenkraut und Wacholder. Die Zwiebel brachten sie wahrscheinlich aus ihrer Urheimat mit, vielleicht auch den Knoblauch. Die ersten seßhaften Magyaren jedenfalls gründeten mit Szeged an der Mündung des Maros in die Theiß ihren ersten wichtigen Salzumschlagplatz, denn hier trafen die aus Siebenbürgen kommenden Salztransporte ein.

Im Grunde genommen hatten die Ungarn schon im 12. Jahrhundert fast alles zusammen, was sie für ihre späteren Nationalspeisen so dringend brauchten: Fleisch, Fett, Salz, Zwiebeln, Knoblauch, Sahne und ab dem 13. Jahrhundert auch den Kümmel.

Dennoch nur fast alles, denn auf Paprika mußten sie noch sechshundert Jahre lang verzichten. Nehmen wir also an, sie kochten in ihrem Kessel phantasievolle Ragouts, scharf gewürzte Eintöpfe, die sich nach den täglichen Gegebenheiten richteten.

Erst im 18. Jahrhundert brach dann mit aller Macht das neue Gewürz „Paprika" über die ungarische Küche herein, und damit brauchte man auch neue Namen, um die Eintöpfe auseinanderhalten zu können, und neue Küchenregeln, um sie gruppenweise einzuteilen. Es war die Geburtsstunde aller *gulyás, pörkölts, tokánys* und *paprikás'*, die Ausländer immer ein wenig verwirren. Aber was ist nun wirklich was?

Gulyás ist eine der einfachsten Speisen im ungarischen Haushalt: Es ist eine nahrhafte Suppe. Eine aus Fett, Zwiebeln, Paprika und Fleischwürfeln zubereitete Suppe, in der würfelig geschnittene Kartoffeln – im Sommer auch Tomaten und Paprikaschoten – und zum Schluß auch noch gezupfte Teigwaren mitgekocht werden.

„Das echte *gulyás* wird im Kessel gekocht", so wollten es Generationen ungarischer Kochbücher. Natürlich wird es aber in den Haushalten heutzutage nicht mehr im Kessel, sondern in der Kasserolle gekocht, und eigentlich bereitet man es im Kessel fast nur mehr als Schaugericht für Touristen zu, wenn die alte Hirtenromantik beschworen oder vorgetäuscht werden soll. Auch ist der *bogrács* auf dem Restauranttisch, die kleine Nachbildung des großen Originals, zumeist in Kupfer, nur ein hübsches Tafelgeschirr und längst kein Kochgeschirr mehr.

Es ist anzunehmen, daß *gulyás* zuerst von den Hirten zubereitet wurde. Man darf aber auch davon ausgehen, daß die Rezeptur aus der Kochbuch- und Gastwirtspraxis stammt, denn schwerlich wird man den Hirten zutrauen dürfen, daß sie unter freiem Himmel gezupfte Teigware oder Mehlnockerln zubereiteten. Und in ihrem Reiseproviant war lediglich *tarhonya* vorhanden, jene getrockneten Eiergraupen, die wiederum mit echtem *gulyás* nichts zu tun haben.

Gulyás wird vorwiegend aus Rindfleisch, seltener aus Hammel- oder Schweinefleisch zubereitet. Hammel-*gulyás* gibt es fast nur als Brauchtumsgericht zur Zeit der Weinlese, und eigentlich tanzt nur das Szekler-*gulyás* aus der Reihe der Grundrezepte: Es wird mit Schweinefleisch oder auch aus mehreren Arten Fleisch mit Sauerkraut und saurer Sahne zubereitet.

Pörkölt wird ebenfalls mit Paprika zubereitet, unterscheidet sich vom *gulyás* jedoch durch seine Konsistenz: Seine Soße, eine wunderschöne dunkelrote, ist sämig, es ist damit ein Hauptgericht und keine Suppe mehr. Daß das *pörkölt* auf den Speisekarten in aller Welt unter *gulyás* rangiert, kränkt echte Ungarn. Aber ein globusumspannender Irrtum läßt sich nur nach und nach ausmerzen. Aus all dem vorher Gesagten ergibt sich, daß auch das weitverbreitete Wort „Gulaschsuppe" ausgesprochen fehl am Platze ist, weil man eine Suppe nicht zweimal „Suppe" nennt.

Beim *pörkölt* spielt es keine Rolle, wenn das verwendete Fleisch ein bißchen fetter ist oder wenn es – wie das Kalbfleisch – während des Kochens im Gulaschtopf seinen Geschmack verliert.

Für *pörkölt,* das man wortgetreu mit „Angeröstetes" übersetzen kann, wird Kalb-, Schweine-, Rind- oder Hammelfleisch, Huhn, Gans, Ente, Truthahn, Reh und Hase verwendet. Es gibt jedoch auch Krebs- und Fisch*pörkölt,* Gemüse- und Pilz*pörkölt.* Im Grunde genommen darf man alles *pörkölt* nennen, was kleingeschnitten, mit Zwiebeln angeröstet, dann papriziert und gedünstet wird und mit einer dicken, schönen roten Soße auf den Tisch kommt.

Tokány ist dem *pörkölt* ziemlich nahe verwandt, aber während das *pörkölt* Paprika als Würze zwingend vorschreibt, gibt es einige *tokány*-Rezepte, die an Stelle von Paprika mit schwarzem Pfeffer und Majoran würzen. Auch bestehen die *tokánys* nicht nur aus einer Sorte Fleisch, Geflügel, Fisch, Wild oder Gemüse, hier werden verschiedene Fleischsorten gemischt, manchmal werden Pilze oder mehrere Gemüse mitgedünstet, und es gibt, um vollends Verwirrung entstehen zu lassen, auch Rezepte, die saure Sahne verwenden. Bei *gulyás* wird saure Sahne ausnahmsweise nur bei Szekler-*gulyás* verwendet, niemals jedoch bei *pörkölt.* Bei *tokány* wird jedoch manchmal saure Sahne beigegeben, und deshalb sind die mit Paprika und saurer Sahne zubereiteten *tokánys* kaum von den *paprikás* zu unterscheiden, es sei denn durch die Fleischsorten.

Paprikás nennt man viele Gerichte, deren kleingeschnittenes Fleisch mit Paprika gewürzt und deren Soße mit saurer – oder auch süßer – Sahne verfeinert wurde. Es gibt Fisch-, Hühner-, Kalb- oder Lamm*paprikás,* aber kein ungarischer Küchenmeister wird jemals *paprikás* aus Rind-, Schweine- oder Hammelfleisch, aus Gans, Ente oder Wildfleisch zubereiten. „Kein fettes Fleisch, kein schwarzes Fleisch", das ist eine der Hauptanforderungen an ein gutes *paprikás.*

Stroheinbringen auf der Halbinsel Tihany im Balaton. In dem Natur- und Denkmalschutzgebiet haben sich die alten Formen der Landwirtschaft erhalten. Die Idylle trügt jedoch. Ungarn verfügt über eine hochtechnisierte Agrarwirtschaft.

Land voll Lust und Reben

Leicht verbring ich meine Tage,
spotte, Schicksal, aller Pein,
Not und Kümmernis verjage
ich mit ein paar Gläschen Wein.
(Petöfi, „Der Weintrinker")

„Kehren in der Steppenschenke Zigeuner ein, so ist dies ein Fest für die Gäste, denn die Zigeuner sind die Nationalmusikanten, sie spielen, wie es der Magyar gern hat, allmählich immer schneller und feuriger und im Tempo genau nach den Tänzen sich richtend. Bei den oft aus dem tiefsten Jammer in die wildeste Lust überspringenden Tönen, welche die ‚Zigeunerbanda' der Fiedel, der Clarinette unter dem verworrenen Gebrumme der Baßgeige und der tollrauschenden Cymbel in wilder Begeisterung entlockt, kann man dann die Gäste jenen nationalen Pusztatanz, Csárdás genannt, aufführen sehen, wo bei lebhafter Gesticulation mit dem Kopfe und den Händen, die Füße den ungedielten Boden stampfen, als wenn sie für ewige Zeiten darin sich einwurzeln sollten. Der wüste Freudentaumel, wobei dem jungen, roten Landwein wakker zugesprochen wird, währt die ganze Nacht, bis endlich der Morgen graut." (Aus Hartlebens „Geographisch Statistischem Handbuch" von 1876)

Aus der Sicht von Nichtungarn feiert der Ungar auch heute noch seine Feste im Stil der legendären *mulatság:* Er läßt die Zigeuner aufspielen, klebt ihnen Banknoten auf die Stirn, schmettert die leergetrunkenen Gläser an die Wand und tanzt auf den Tischen den *csárdás.*

Nein, das ist vorbei, wenn auch Wein und Zigeunermusik untrennbar miteinander verbunden scheinen. Noch immer nimmt der Primas die Stimmung von Tischrunden einfühlsam auf und läßt sie durch seine Geige in Tönen zurückschwingen. Die Gäste bestimmen das Laute und das Leise, den getragenen Rhythmus oder die wirbelnden Ekstasen. Daß dabei Wein fließt, auch in Strömen fließt – Ungarn steht mit an der Weltspitze der Weintrinker –, ist verbürgt, aber alles Zerstörerische wurde längst aus weinseligen Stimmungen ausgeklammert.

Ungarn war von Anbeginn Weinland. Genaugenommen lag es an den Kelten. Sie hatten den guten Boden entdeckt und sowohl an den Ufern des Balaton wie am südlichen Rand des Zempléner-Gebirges die ersten Rebstöcke gepflanzt.

Als schließlich die Römer Transdanubien einnahmen, beschwerten sie sich zwar herb über den vorgefundenen Wein von sehr „minderer Qualität", doch als die Legionen des Kaiser Probus einmal nicht dem Kriegshandwerk frönten, beorderte er sie kurzerhand in die Balatonregion und ließ sie systematisch Weinberge anlegen.

Auch die sehr viel später aus dem Osten heranreitenden Magyaren fanden in der Gegend von Tokaj-Hegyalja bereits blühende Rebpflanzungen vor. So barbarisch man die wilden Reiter auch nennen mochte, aus Transkaukasien kannten sie bereits den „wilden Wein", und schließlich stießen sie im Kaukasus und im Bereich des Schwarzen Meeres auch auf die veredelte Kulturpflanze. Es ist anzunehmen – wenn auch nicht belegt –, daß sie auf ihrem Ritt nach Westen bereits Wein gekostet hatten. So wie es denkbar wäre, daß sie in ihrem berühmten *bogrács* nicht nur Speisen zubereitet hatten, sondern nach Art mongolischer Reitervölker vergorene Stutenmilch im Wasserbad erhitzten und durch primitive Destillation zu Milchbranntwein verarbeiteten.

In Tokaj angekommen, baute der landnehmende Fürst zwar eine Wallburg, aber mit Weinbau hatte er wenig im Sinn, gab es doch das stammverwandte Winzervolk der Kalisen, dem die Pflege anvertraut werden konnte.

Auch die durch die Völkerwanderung stark geschädigten römischen Rebpflanzungen in

Rechts: Ungarn besitzt riesige Weinbaugebiete, in denen erlesene Weine erzeugt werden. Neben den Balatoner Weinen ist vor allem der Tokajer weltweit bekannt.
Unten: Weinkeller in Tokaj. Das edle Getränk wird in Holzfässern gelagert.

Transdanubien konnten die Magyaren vorerst nicht von ihrem beutegierigen Ritt nach Westen abhalten. Erst als sie geschlagen wieder zurückkehrten, wurden sie in Rekordzeit nicht nur Katholiken, sondern auch Weinbauern. Urkunden aus dem Jahr 1000 n. Chr. berichten bereits über wohlgepflegte Weinberge in West- und Südungarn.

Doch nichts war in diesem Land jemals von Dauer: Bald ritten die Tataren alles in Grund und Boden, und auch die nach der Katastrophe angesiedelten wallonischen Weinbauern und italienischen Winzer konnten wie die bereits im 13. Jahrhundert belegten 5000 Weingärtner im Raum von Eger nicht für die Ewigkeit planen.

Im 16. Jahrhundert kamen die Türken und blieben mehrere Generationen lang. Der Koran verbot ihnen den Genuß alkoholischer Getränke, und wenn sie sich wohl auch nicht immer an dieses Verbot hielten, so gingen die Weinstöcke des edlen „Erlauer Stierbluts" doch langsam zugrunde. Auch die Weinberge am Balatonufer waren zumindest indirekt vom kriegerischen Geschehen betroffen.

Nur der Tokajer, dessen Anbauflächen sich größtenteils im Besitz der Siebenbürgerfürsten Rákóczi befanden, erlebte im 16. Jahrhundert seine erste große Zeit. Er wurde in gewaltigen Mengen nach Osteuropa, nach Prag, Wien, Schweden und England exportiert. Päpste und Könige kosteten ihn, und als im 17. Jahrhundert durch eine verspätete Lese die Geburtsstunde des „Tokaji Aszú", der süßen Trockenbeerenauslese, schlug, etablierte sich der edle Tropfen endgültig auf europäischen Festtafeln.

Tokajer tranken die Legaten des Papstes auf dem Tridentinischen Konzil, ehe sie sich vertagten und vertagten und letzten Endes keine Möglichkeit mehr fanden, die Glaubenseinheit wiederherzustellen. Tokajer trank auch

Die Eichenholzfässer für den Tokajer werden hier noch nach alter Tradition von Hand gearbeitet.

der Sonnenkönig. Er genoß die würzig-alkoholischen Getränke des Fürsten Rákóczi in Gesellschaft der Madame de Maintenon, doch als er sich für die generösen Gaben im Befreiungskampf gegen Österreich mit einer Waffenbrüderschaft bedanken sollte, wurde der exzessive Genießer plötzlich knausrig. Tokajer trank auch Zar Peter der Große im Petersburger Winterpalast. Er trank ihn aus eigenen Weinbergen, denn er hatte sich des Weines wegen sogar in Tokaj eingekauft, und seine Soldaten brachten den guten Tropfen streng bewacht und in Eilmärschen an die Newa.

Mit dem Ende der türkischen Epoche hatte man auch wieder Zeit, sich landesweit um die Weinberge zu kümmern. Alles ging aufwärts, alles stand zum besten, als wieder eine neue Plage hereinbrach.

1875 trat erstmals die Reblaus in Aktion und wütete für weitere zwanzig Jahre. Wieder einmal war alle Arbeit zunichte, und nur die Entdeckung der Franzosen, wonach anspruchslose Sorten, die auch auf Sandboden gedeihen, der Reblaus widerstehen, brachte zumindest eine Teilrettung in letzter Minute. Seither wird auch auf den Sandböden der Tiefebene Wein gepflanzt. Von den insgesamt 170000 Hektar ungarischer Rebfläche kommen einige „große Weine", und so erstaunt es wohl weiter nicht, daß die Ungarn ihre edlen Tropfen überaus schätzen.

Ein Gelage ist das Leben,
auch du mußt dein Glas erheben,
Freud und Leid gilt es zu grüßen,
sei's vom Sauren, sei's vom Süßen.
Trinke wie aus tiefster Brust,
Lust folgt Leid, und Leid folgt Lust.
Viele schlürften wild das Naß,
wenige wie ich mit Maß ...
(János Arany, „Dieses Leben")

Hier eine Auswahl der bekanntesten ungarischen Weinsorten:

Badacsonyi Szürkebarát (Badacsonyer Grauer Mönch): Die Pinot-gris-Traube wächst an den extrem sonnigen Hängen des vulkanisch entstandenen Badacsony-Berges. Der „Graue Mönch" ist ein halbsüßer, milder, würziger Tafelwein mit prächtigem Bukett und 13 Vol. % Alkohol.

Einem Ondit zufolge beflügelte der „Graue Mönch" den berühmten ungarischen Dichter Sándor Kisfaludy zu seinen schönsten Liebesgedichten für Róza Szegedy. Es war eine Beziehung, die anläßlich einer Weinlese begann, denn ihre Familien besaßen Kelterhäuser im Raum Badacsony.

Badacsonyi Kéknyelü (Badacsonyer Blaustengler): Er ist ein grüngelber, blumiger, sehr trockener Wein mit 12,8 Vol. % Alkohol, der zu den alten Balatoner Weinsorten zählt. Daß man ihn auch „feurig" nennt, liegt entweder an seinen Wurzeln im vulkanischen Boden oder an der Bereitschaft der Ungarn, alles „Feurige" als Nationalcharakter zu beanspruchen: im Temperament, in der Liebe, in der Würze, im Wein.

„Trunken von des Weines Feuer, pfeif ich auf die schnöde Welt ...", schrieb der lyrische Revolutionär Sándor Petöfi 1842 bereits als Neunzehnjähriger.

Im Grunde genommen haben die Ungarn bzw. ihre Altvorderen auf heute ungarischem Boden vielleicht sogar wirklich die Kunst des Feuermachens erfunden. Ganz sicher haben sie jedoch 1836 das Zündholz erfunden. Johann Irinyi hieß der Mann mit dem Feuer, der die Erfindung seines „Stäbchens mit Phosphorkopf" der Liebe wegen an den Vater seiner Angebeteten verschleuderte. Als das Mädchen ihn dennoch abwies, gründete er zwar selbst in Pest eine Zündholzfabrik, aber er wurde den vielen kleinen Feuerchen bald untreu, um 1848 das große Feuer der Revolution anzünden zu helfen.

Debröi Hárslevelü (Debröi Lindenblättriger): Dieser würzige Weißwein aus der lindenblättrigen Traube wächst am Fuße des Matrágebirges auf vulkanischem Boden. Weinpresse und Weinblatt zieren sein Etikett, ebenso die geographische Herkunftsbezeichnung. Debrö sucht man jedoch vergeblich auf der Landkarte. Die Ortschaft heißt Feldebrö und liegt in der Nähe von Verpelét.

Egri Bikavér (Erlauer Stierblut): Dieser kräftige, tiefrote, trockene Qualitätswein wird aus vier bis fünf verschiedenen Traubensorten hergestellt. Früher einmal ließ man ihn nach dem Pressen zehn Tage lang in riesigen Bottichen mit Maische und Most gären, und so erhielt das „Stierblut" sein unverfälschtes Aroma und seine rubinrote Farbe. Heute pressen Maschinen stündlich 150 Doppelzentner Trauben zu Brei, erhitzen den Brei dann bis auf 70 Grad, keltern ihn und vollbringen die Arbeit, zu der man früher zehn Tage brauchte, in eineinhalb Stunden. In einem unterirdischen Labyrinth, in Lagerfässern aus Beton und Glas reift der Wein vor der Abfüllung zwei bis drei Jahre.

Nemes Kadarka (Edler Kadarka): Die Kadarka ist eine Rotweintraube, aus der die meisten ungarischen Premier Grand Crus hergestellt werden. Sie stammt vermutlich aus Makedonien und wird vorwiegend im osteuropäischen Raum, im Süden Jugoslawiens und in Albanien angepflanzt. Der Nemes Kadarka hat ein kräftiges Bukett, ein würziges Aroma und ist angenehm herb. Mit 12,5 Vol. % Alkohol liegt er etwas unter der Mindestgrenze, die ein Spezialqualitätswein in Ungarn aufweisen muß, nämlich 13 Vol. %.

Soproni Kékfrankos (Soproner Blaufränkischer): Die Soproner (Ödenburger) Weinberge im Westen Ungarns, dicht an der österreichischen Grenze im Hügelland des Neusiedler Sees, sind ein Rotweinparadies. Hier wachsen die fruchtigen Trauben, aus denen der „Blaufränkische" mit dem kräftigen Bukett, ein international bekannter Wein, gekeltert wird.

Nach ungarischer Auslegung verdankt der „Blaufränkische" seinen Namen französischen Soldaten. Sie tranken ihn angeblich sehr gerne, sie tranken sehr viel davon – vielleicht auch zu viel –, jedenfalls waren sie nicht in der Lage, sich den ungarischen Namen ihres Lieblingsgetränks zu merken. Wann immer jedoch ein Franzose einen Franc – eine blaue Banknote – zückte, wußte man, was er dafür wollte.

Tihanyi Merlot (Tihanyer Merlot): Die hochwertige Rotweintraube ergibt, am Nordufer des Balaton gepflanzt, einen süßlichen Wein mit charakteristischem Geschmack, der sich nicht eben unbescheiden „König der Balaton-Rotweine" nennen läßt. Allerdings täuscht die Abteikirche von Tihany auf seinem Etikett ein bißchen, denn der eher etwas schwere Wein wächst nicht auf der Tihanyer Halbinsel, sondern im Balaton-Oberland.

Tokaji Szamorodni und Tokaji Aszú (Trockener Tokajer und Tokajer Ausbruch): Echter Tokajer kommt aus einem eng begrenzten Raum am Fuße der Zempléner-Berge. Er ist nicht größer als 4900 Hektar und umfaßt 28 Weinbaugemeinden im Gebiet Tokaji-Hegyalja (*hegyalja* = am Fuße des Berges gelegen).

Im Prinzip unterscheidet man zwei Typen Tokajer: Der Tokaji Szamorodni wird aus reifen Trauben als Spätlese eingebracht und nach der polnischen Bedeutung des Wortes *szamorodne* (= so wie er gewachsen ist) verarbeitet. Er kann je nach Weinjahr relativ trocken oder auch ganz süß sein. Den trockenen nennt man Szamorodni Száraz, den süßen Szamorodni Edes.

Der trockene Tokajer ist ein klassischer Trockenwein, rassig und vornehm, von goldgelber Farbe und einem herzhaften Bukett. Der süße Tokaji Szamorodni wird mit vielen Ausbruchbeeren gepreßt und reift jahrelang, bis ein dunkel goldfarbener, vollmundiger Dessertwein entsteht.

Der Tokaji Aszú ist ein teurer Süßwein, der nach einem speziellen Verfahren aus den Rebsorten Furmint und Hárslevelü hergestellt wird. Dabei spielen edelfaule Trockenbeeren eine große Rolle. Je mehr Butten *(puttonyos)* Trockenbeerenmaische einem sogenannten Göncer-Faß (ca. 136 Liter) beigefügt werden, desto edler ist der Tropfen. Man unterscheidet drei-, vier- oder fünfbuttige Ausbruchweine. Der sechsbuttige Tokajer des Jahres 1920 war ein reines Himmelsgeschenk und ist äußerst selten.

Der Tokaji Aszú hat einen hohen Alkoholgehalt und ist als Aperitif oder als Dessertwein geeignet.

Tokajer Aszú verdankt seine „Erfindung" einer zufällig verspäteten Lese um die Mitte des 17. Jahrhunderts. Er war der Wein der Kaiser, Könige und Zaren, Dichter haben ihn besungen, Musiker haben ihm in Liedern ein Denkmal gesetzt, und ein Philosoph wie Voltaire schrieb über den Tokajer: „Er bringt die Hirnfasern in Bewegung, und in seinem Feuer entstehen geistreiche Worte."

Einer der letzten dichterischen Gefühlsausbrüche zum Lobe des Tokajer ist von Pablo Neruda bekannt, dem inzwischen verstorbenen chilenischen Literaten, Lenin- und Nobelpreisträger. Er schrieb: „Ströme Ambrafeuer/Honigglanz/Topasstraße/ströme, es versiege nie dein Glanz."

Nach diesem Streifzug durch die Geschichte und Eßkultur Ungarns wünschen wir Ihnen bei der Zubereitung der folgenden Rezepte gutes Gelingen und einen guten Appetit.

Die exklusiv für dieses Buch fotografierten Gerichte wurden zum Teil auf original ungarischem Porzellan aus der traditionsreichen und weltweit bekannten Manufaktur in Herend angerichtet.

Die Rezepte sind für vier Personen berechnet.

Alte, mit Spinnweben und Staub überzogene Tokajerflaschen.

Gebackene Äpfel

Sült alma

Mehr als die Hälfte der ungarischen Obstbäume sind Apfelbäume. Mit einer Ernte von fast hundert Kilogramm pro Kopf der Bevölkerung übertrumpft Ungarn damit Frankreich und Italien. In den riesigen Apfelgärten der Nyírség, in Nordostungarn, wächst der berühmte „Szabolcer Jonathan", ein rotbäckiger Apfel, der seine Abstammung von den ursprünglich in Amerika gezüchteten Sorten nicht verleugnen kann.

4 Äpfel, 2 EL Zucker, 100 g Mehl, 2 Eier, 1 TL Zimt, 150 g Paniermehl, Öl oder Fett für die Friteuse, Puderzucker, 1/8 Liter süße Sahne

Die Äpfel schälen, vom Kernhaus befreien und in etwa 2 Liter gezuckertem Wasser halbgar kochen. Die ganzen, noch warmen Äpfel auf Küchenkrepp etwas abtropfen lassen, in Mehl wenden, durch die verquirlten Eier ziehen und in dem mit Zimt vermischten Paniermehl wälzen.

Öl oder Fett im Fritiertopf erhitzen, bis ein Wassertropfen ein deutliches Zischen verursacht. Die ganzen Äpfel einlegen, so daß sie völlig mit Öl bedeckt sind, und 5–8 Minuten goldbraun braten. Warm servieren, mit Puderzucker bestreuen und mit einer Schlagsahnehaube krönen.

Szekler Apfelfleisch

Sertéshús almával Székely-módra

Die Szekler, ungarisch *Székelyek* – ein den Magyaren verwandter Stamm –, gaben einigen ungarischen Gerichten ihren Namen. Sie sprechen eine ungarische Mundart und kannten auch die Kerbschrift der alten Magyaren noch, als diese im übrigen Ungarn längst vergessen war. Von den Landnehmern ursprünglich zum Grenzschutz angesiedelt, zählten sie einst mit den Magyaren und Sachsen zu den drei regierenden Volksgruppen Siebenbürgens. Nun gehört ihr Wohngebiet zu Rumänien, aber ihre Kochrezepte sind ein fester Bestandteil der ungarischen Küche geblieben.

1 kg mageres Schweinefleisch, Salz, 40 g Fett, etwas Estragon, 4 große Äpfel, etwas Mehl

Das Fleisch salzen, rundum in Fett anbraten, mit etwas Estragon würzen und im Backofen bei 180–200° C unter wiederholtem Begießen mit etwas Wasser oder Brühe und eigenem Saft etwa 90 Minuten braten.

Die Äpfel schälen, vom Kernhaus befreien, in Scheiben schneiden und, kurz bevor das Fleisch gar ist, einlegen und mitdünsten. Den fertigen Braten in Scheiben schneiden, den Bratfond mit ein wenig Mehl eindicken und über das Fleisch gießen. Auf einer Platte mit den gedünsteten Apfelscheiben anrichten. Dazu passen Salzkartoffeln als Beilage.

Badacsonyer Bauernpfanne

Badacsonyi tálasétel

Dieses Rezept stammt aus den Weingemeinden im Tapolcabecken. Es stellt gewissermaßen ein Pendant zu den beliebten „Hirtenpfannen" her, die vorwiegend aus Rind- oder Schweinefleisch zubereitet werden. Kalbfleisch und Gerichte aus Teilen vom Kalb deuten in Ungarn auf Einwanderung hin. Irgendwann einmal hat man diese Rezepte aus Böhmen oder Österreich übernommen.

4 halbe Kalbsfüße, Salz, 2 Zwiebeln, 60 g Fett, 1 TL Rosenpaprika, 400 g Kartoffeln, 2 grüne Paprikaschoten, 2 Tomaten, Petersilie

Die Kalbsfüße in reichlich Salzwasser etwa 1 Stunde weichkochen. Die feingehackten Zwiebeln in Fett goldgelb rösten, vom Feuer nehmen, Paprika einstreuen und etwas Wasser aufgießen. Nun legt man die ausgelösten, in Stücke geschnittenen Kalbsfüße und die geschälten, kleinwürfelig geschnittenen Kartoffeln ein, etwas später die zu Ringen geschnittenen Paprikaschoten und die in Scheiben geschnittenen Tomaten, salzt und läßt alles zusammen etwa 20 Minuten garen. Mit gehackter Petersilie bestreuen und sehr heiß zu Dillkartoffeln servieren.

KALOCSA

Betyarenpalatschinken

Betyár-palacsinta

Wahrscheinlich aßen die Betyaren niemals die nach ihnen benannten Palatschinken. Die Betyaren waren die Wegelagerer einsamer Gebiete, deren Räuberromantik noch heute in Geschichten, Tänzen und Liedern nachlebt – oder in verblichenen Steckbriefen, wie sie in der Betyarencsárda von Rezi hängen und 1000 Gulden Belohnung für den Kopf eines gewissen Jóska Savanyú versprechen. Nach den Betyaren benannte Rezepte sind meist neueren Datums, deuten aber oft auf eine ungewöhnliche Zubereitungsart hin.

Teig: 150 g Mehl, 2 Eier, 1 Eigelb, 1/4 Liter Milch, 1/8 Liter Wasser, Salz, 100 g Butter.
Füllung: 2 Hühnerbrüste, Salz, 1 Zwiebel, 70 g Fett, 1 EL Tomatenmark, 1 TL Delikateßpaprika, 1/4 Liter saure Sahne;
Rum zum Flambieren

Aus Mehl, Eiern, Eigelb, Milch, Wasser und etwas Salz einen dünnen Pfannkuchenteig zubereiten. Butter in einer flachen Pfanne erhitzen, etwas Teig eingießen, auseinanderfließen lassen, bis der Pfannenboden bedeckt ist, und drei bis vier Palatschinken auf beiden Seiten goldgelb backen. Warm stellen.

Hühnerbrüste waschen, abtrocknen und salzen. Die kleingehackte Zwiebel in Fett anrösten, vom Feuer nehmen, Tomatenmark und Paprika dazugeben, Fleisch einlegen und bei kleiner Flamme mit wenig Wasser etwa 15–20 Minuten garen (je nach Größe und Dicke der Hühnerbrust). Sobald das Fleisch weich ist, herausnehmen, feinwiegen, wieder in den Bratfond zurücklegen, mit saurer Sahne aufgießen und 4–6 Minuten aufkochen lassen.

Nun streicht man die Masse in die warmgestellten Palatschinken ein, richtet sie in einer flachen Kupferpfanne an, begießt sie mit Rum und flambiert sie.

1979
TOKAJI

Altungarisches Brathähnchen

Töltött csirke

Diese nordostungarische Spezialität hat ihren Ursprung im Burgschloß von Szerencs. Das Originalrezept wird einem Koch der Familie Rákóczi zugeschrieben, die als Fürsten von Siebenbürgen den Freiheitskampf gegen Österreich anführten, ihn letztendlich aber doch verloren.

1 Brathähnchen, Salz, Majoran.
Füllung: 200 g Kalbshirn, 100 g Pilze, 50 g Butter, 1 Brötchen, 1/8 Liter Milch, 2 Eier, Salz, Pfeffer, Muskat; etwas Butter

Das bratfertige Hähnchen innen und außen salzen und innen auch mit etwas Majoran einreiben.

Das Kalbshirn putzen, blanchieren, sehr fein hacken und mit den ebenfalls feingehackten Pilzen 6–8 Minuten in Butter rösten. Nach dem Rösten auskühlen lassen. Brötchen in Milch einweichen, gut ausdrücken, passieren, mit der Hirn-Pilz-Mischung und den 2 Eiern gut verrühren. Die Masse mit Salz, Pfeffer und Muskat abschmecken, das Hähnchen damit füllen und die Öffnungen zunähen. Nun das Hähnchen in eine gebutterte Pfanne legen und bei 200°C im vorgeheizten Backofen 60–75 Minuten braten. Wiederholt mit Bratensaft begießen, bis es gar und schön braun ist. Dann die Fäden entfernen, das Hähnchen vorsichtig in zwei Hälften teilen und auf gedünsteten Pilzen servieren.

Dobostorte

Dobostorta

Der ungarische Zuckerbäcker Jozsef Dobos verriet das Originalrezept der von ihm erfundenen Torte niemals. Erst 1924, nach seinem Tod, wurde das Geheimrezept bekannt, nachdem es allerdings schon lange Zeit vorher von vielen nachgeahmt wurde.

Teig: 6 Eier, 120 g Zucker, 1 Päckchen Vanillezucker, 140 g Mehl, 80 g Butter, Mehl zum Bestäuben.
Creme: 250 g Butter, 200 g Puderzucker, 60 g Schokolade, 20 g Kakao, 2 Eier, etwas Rum.
Glasur: 200 g Puderzucker, 30 g Butter

Eigelb mit Zucker und Vanillezucker gut cremig rühren, Mehl dazugeben, die erwärmte Butter einrühren und das steifgeschlagene Eiweiß vorsichtig unterheben. Eine Springform mit Butter ausstreichen und mit Mehl bestäuben. Jeweils ein Achtel oder ein Sechstel des Biskuitteiges einfließen lassen und hintereinander im vorgeheizten Backofen bei 200° C in jeweils 8 Minuten 6–8 dünne Tortenblätter backen. Auskühlen lassen und das schönste Blatt als Deckblatt zur Seite legen. Aus erwärmter Butter, Puderzucker, geschmolzener Schokolade, Kakao und Eiern eine Creme rühren, schaumig schlagen und mit etwas Rum verfeinern. 5 oder 7 Tortenböden mit Creme bestreichen, exakt aufeinandersetzen, auch die Seitenflächen dünn mit Creme bestreichen und in den Kühlschrank stellen.

Puderzucker auf kleiner Flamme goldgelb schmelzen. Sobald er flüssig wird, Butter einrühren und die Glasur heiß über das restliche Tortenblatt gießen. Solange die Glasur noch weich ist, mit einem eingeölten Messer das Deckblatt in 16 Portionsstücke schneiden. Nach dem Erkalten der Glasur die Portionsstücke als Deckblatt vorsichtig auf die Torte setzen.

Eiergraupen

Tarhonya

Eine der ältesten Speisen der ungarischen Küche sind die *tarhonya* oder Eiergraupen. Die in der Sonne getrockneten Teigkörnchen aus Weizenmehl und Eiern hatten schon die nomadischen Magyaren im Reisegepäck. Später führten sie auch die Wanderhirten in kleinen Leinensäckchen mit sich, um sie unterwegs rasch in Wasser aufkochen zu können. Ein Trost für geplagte Hausfrauen: *tarhonya* gibt es auch fertig zu kaufen.

Teig: 500 g Mehl, 5 Eier;
100 g Fett, 1 Zwiebel, Petersilie, Salz

Mehl sieben und mit den Eiern zuerst in einer Schüssel, dann auf dem Nudelbrett gut durchkneten, bis eine glatte Masse entsteht. Teig in einige Stücke schneiden, eine Stunde lang austrocknen lassen und mit einem Messer nochmals ganz klein zerstückeln. Nun nimmt man ein grobes Drahtsieb und drückt den Teig von Hand durch. Die entstandenen Graupen läßt man einen Tag trocknen und schüttelt sie dann in einem feineren Sieb, um sie vom Restmehl zu befreien.

Zubereitung: Fett erhitzen, die feingehackte Zwiebel goldgelb rösten, Petersilie einstreuen, *tarhonya* dazugeben, kurz anrösten, mit Wasser aufgießen (für 1 Suppentasse *tarhonya* nimmt man 2 Suppentassen Wasser), salzen, aufkochen lassen und zugedeckt langsam etwa 20 Minuten dünsten.

Ente à la Vajdahunyad

Kacsa Vajdahunyad-módra

Weißkohl steht nicht gerade im Ruf einer kulinarischen Köstlichkeit, sondern hat seinen Platz zumeist in der Hausmannskost. Daß Weißkohl aber sehr wohl auch zu feinen Gerichten verarbeitet werden kann, zeigt dieses Rezept aus Siebenbürgen.

1 Ente, Salz, Majoran, Kümmel, 1 Kopf Weißkohl (etwa 800–1000 g), 400 g Schweinefleisch, 2 Eier, 2 EL gekochter Reis, Pfeffer, Fleischbrühe, 80 g Butter, 10 g Edelsüßpaprika, 2 EL Tomatenmark, 1 Zwiebel

Die bratfertige Ente außen und innen salzen und innen mit Majoran und Kümmel einreiben. Den Kohl in Salzwasser 10–15 Minuten bei geschlossenem Topf kochen, herausnehmen, auskühlen lassen und die großen Blätter vorsichtig lösen. Schweinefleisch kleinhaken, kurz durchrösten und mit Eiern, Reis, Salz und Pfeffer gut verrühren. Je zwei Eßlöffel dieser Masse auf ein Kohlblatt legen, das Blatt beidseitig einschlagen und rollen.

Nun gibt man die gewürzte Ente mit den etwa acht gefüllten Kohlblättern in eine feuerfeste Form, gießt Fleischbrühe – oder Wasser – auf und läßt das Ganze bei schwacher Hitze 50–60 Minuten garen. Kohlrouladen in der Garflüssigkeit warmstellen. Die Ente herausnehmen, mit flüssiger Butter bestreichen und im vorgeheizten Backofen bei 180° C noch etwa 25 Minuten braten.

Kohlrouladen aus der Brühe nehmen, warmstellen und aus der Brühe mit Gewürzpaprika, Tomatenmark und einer geriebenen kleinen Zwiebel eine Paprikasauce bereiten. 2–3 Minuten aufkochen lassen.

Die knusprig braune Ente auf einer vorgewärmten Platte anrichten, die Kohlrouladen mit einem scharfen Messer in Scheiben schneiden, rund um die Ente garnieren und alles mit Paprikasauce übergießen.

Alfölder Erbsentopf

Alföldi zöldborsó-egytálas

Als die ersten Zuckererbsen in Ungarn angebaut wurden, hatten sie bereits eine lange Geschichte hinter sich. Es ist anzunehmen, daß sie mit den Römern nach Pannonien kamen und auch in den Wirren der nachfolgenden Jahrhunderte nie wieder ganz von der Bildfläche verschwanden. Heute sind die kleinen, runzeligen Hülsenfrüchte mit ihrem hohen Gehalt an Eiweiß und Kohlehydraten das Lieblingsgemüse der Ungarn im Juni.

400 g Zuckererbsen, Salz, 300 g Karotten,
300 g Spargel, 40 g Butter, 40 g Mehl,
1/4 Liter Milch, 300 g Hühnerbrust,
30 g Butter, Muskatnuß, Schnittlauch,
1/8 Liter saure Sahne

Erbsen reinigen und in Salzwasser 15 Minuten kochen. Unter kaltem Wasser abkühlen und abtropfen lassen. Karotten und Spargel schälen, in Stifte schneiden und beides getrennt in wenig Wasser mittelweich dämpfen. Salzen.

Aus Butter und Mehl eine helle Schwitze bereiten, mit Milch aufgießen und etwas einkochen lassen, bis die Sauce dicklich wird. Alles Gemüse hinzugeben und auf kleiner Flamme 15 Minuten kochen. Das Hühnerfleisch salzen, in schmale Streifen schneiden, in etwas Butter rasch durchbraten, dann in den Gemüsetopf geben und alles zusammen weitere 10 Minuten garen. Zum Schluß den Gemüsetopf mit Muskat und Schnittlauch abschmekken und mit Sahne übergießen. Dazu reicht man als Beilage Petersilienkartoffeln.

Essig-Paprika

Ecetes paprika

Zu allen am Spieß gebratenen Fleischgerichten, zu Holzplattenfleisch, zu Tordaer Herdbraten oder zu Siebenbürger Flecken, zu all den ungarischen Gerichten, die ohne Gewürzpaprika und ohne saure Sahne zubereitet werden, gibt es häufig in Essig eingelegte Paprika als Beilage. Sie schmecken ganz vorzüglich und sind leicht selbst zuzubereiten.

1,5 kg grüne, gelbe oder rote Paprikaschoten (auch gemischtfarbig), einige dünne Meerrettichscheiben, 1 Liter Essig, 50 g Salz, 10 g Zucker, 5 Pfefferkörner

Möglichst gleichgroße Paprikaschoten entkernen, gut waschen, trocknen und in Gläser einlegen, wobei man zwischen die Schoten 1–2 Meerrettichscheiben legt. Den mit 2 Liter Wasser verdünnten Essig salzen, mit Zucker und mit Pfefferkörnern aufkochen. Paprikaschoten mit zwei gekreuzten Holzstäben im Glas verankern, damit sie nicht aufsteigen können, und mit dem ausgekühlten Essigwasser so übergießen, daß alles gut bedeckt ist. Gläser luftdicht verschließen.

Ein Tip: Um die Haltbarkeitsdauer der Essig-Paprika zu verlängern, kann man die Paprika auch 10 Minuten in der Essigmarinade garen, heiß in Gläser füllen, mit der heißen Marinade übergießen und die Gläser sofort verschließen.

Esterházy Rostbraten

Esterházy rostélyos

Die Fürsten Esterházy von Galantha besaßen 50 Marktflecken, 400 Dörfer und 21 Schlösser. Ihr schönstes Schloß in der Kleinen Tiefebene ist eine Art ungarisches Versailles. Mit seinen 126 Zimmern beherbergte es auch Kaiserin Maria Theresia als Gast. Joseph Haydn erlebte im Schloß seine Glanzzeit als fürstlicher Kapellmeister des prachtliebenden Nikolaus Esterházy. Das Rezept für den Rostbraten mit dem fürstlichen Namen erfand ein fürstlicher Koch.

4 Rostbraten, Salz, Pfeffer, 80 g Fett, 250 g Suppengemüse (Karotte, Petersilie, Lauch, Sellerie), 2 Zwiebeln, 20 g Edelsüßpaprika, etwas Mehl, etwas Fleischbrühe, 1 TL Kapern, Zitronensaft, 1/4 Liter saure Sahne

Die Rostbraten an den Rändern einschneiden, flachklopfen, salzen, pfeffern, im heißen Fett auf beiden Seiten rasch anbraten und aus der Pfanne nehmen. Im verbliebenen Bratfond das in feine Stifte geschnittene Suppengemüse und die feingehackten Zwiebeln anrösten. Vom Feuer nehmen, mit Paprika würzen, mit Mehl bestäuben und mit etwas Brühe oder Wasser aufkochen. Nun die Rostbraten einlegen und im vorgeheizten Backofen (oder auf der Herdplatte) bei 200°C zugedeckt etwa 30–40 Minuten schmoren. Bei Bedarf jeweils etwas Wasser zugießen. Zum Schluß Kapern hinzufügen, mit etwas Zitronensaft würzen, die saure Sahne aufgießen und die Rostbraten noch einmal kurz aufkochen lassen.

Als Beilage: Nudeln.

Ungarische Fischersuppe

Halászlé

Man nehme: viele verschiedene Sorten lebende Fische, einen großen Kessel, eine offene Feuerstelle. Nur bei diesen Zutaten ist ein echter Ungar davon überzeugt, daß eine gute *halászlé* daraus wird. Weil aber weder Balaton noch Theiß vor unseren Haustüren liegen und es auch an offenen Feuerstellen mangelt, muß man sich in unseren Breiten bescheiden. Man kann die Fischersuppe auch aus Karpfen, Schill, Wels oder Hecht auf der Kochplatte herstellen. Aber mindestens dreierlei Sorten Süßwasserfisch muß man dazu verwenden.

Je 500 g Karpfen, Hecht und Zander,
3 Zwiebeln, Salz, 20 g Edelsüßpaprika,
1 Prise Rosenpaprika

Fische vorbereiten, gut reinigen und in etwa 3 cm große Würfel schneiden. Zuerst eine Schicht Karpfen (eventuell auch den Karpfenkopf) in eine entsprechende Kasserolle einlegen und mit einer in Scheiben geschnittenen Zwiebel abdecken. Nun folgt eine Schicht Hecht und wiederum Zwiebel, eine Schicht Zander usw. Die oberste Schicht muß immer Fisch sein. Dann gießt man gerade so viel Wasser auf, daß alles gut bedeckt ist, fügt Salz hinzu und streut, sobald das Wasser zu kochen beginnt, den Paprika ein. Auf kleiner Flamme etwa 1 Stunde garen und nicht umrühren, nur an der Kasserolle rütteln, da sonst die Fischstücke zerfallen.

Sehr heiß und mit frischem Weißbrot servieren.

Szegediner Fischsalat

Szegedi halsaláta

Ein ungarisches Fischkochbuch aus der Zeit des Dreißigjährigen Krieges, das wahrscheinlich auf eine private Szegeder Rezeptsammlung zurückgeht, kannte bereits an die zweihundert Fischrezepte. Schon immer war die Stadt an der Mündung des Maros in die Theiß für ihre delikaten Fischgerichte berühmt.

800 g Karpfenfilets, 200 g Suppengemüse (Karotte, Sellerie, Petersilie, Lauch), Pfefferkörner, 1 TL Zitronensaft, 200 g grüne Paprikaschoten, 200 g Tomaten, 1 Zwiebel, 40 g Edelsüßpaprika, Öl, Essig, Salz, Pfeffer

Karpfenfilets in Wasser mit Suppengemüse, Pfefferkörnern und Zitronensaft bei schwacher Hitze 30 Minuten garziehen lassen. Aus der Brühe nehmen, abtropfen und auskühlen lassen.

Paprikaschoten abbrühen, entkernen, würfelig schneiden, Tomatenviertel und Zwiebelringe beifügen und alles zusammen mit Paprika, Öl, Essig, Salz und Pfeffer abschmekken. Die Fischfilets in Streifen schneiden, vorsichtig unter die Salatmischung heben und 2 Stunden ziehen lassen.

Mit hartgekochten Eiern und Blatt-Petersilie garnieren.

Fogosch Bakonyer Art

Fogas Bakonyi-módra

Fogas ist die ungarische Bezeichnung für das deutsche Fogasch oder Fogosch. Der *Fogas Balatonicus* ist eine prächtige Abart des gemeinen Zanders, ein Weißfisch ohne Fett und Gräten, der nur im Balaton vorkommt. Da man ihn nicht lebend transportieren kann, wird er außerhalb der Seeregion nur tiefgekühlt angeboten. Für *fogas* gibt es ungeheuer viele Zubereitungsarten. Er kommt mit saurer Sahne und Parmesankäse überbacken auf den Tisch, mit Pilzen oder Krebs*pörkölt*, in Weißwein gekocht oder im Spinatbett, gebacken oder gegrillt.

1 Fogosch, Salz;
1 Zwiebel, 50 g Fett, 250 g Pilze, 10 g Edelsüßpaprika, 1 EL Mehl, 1/4 Liter saure Sahne, 40 g Butter, 1 Paprikaschote, Petersilie

Fisch wie üblich vorbereiten. Die gereinigten Filets vom Rückgrat lösen, die Haut abziehen und unter kaltem Wasser gut waschen. Aus Kopf und Rückgrat kocht man mit wenig Wasser und etwas Salz einen Fischsud.
Zwiebel feinhacken, in heißem Fett hell anrösten und die in Scheiben geschnittenen Pilze hinzugeben. Sobald die Pilze nach etwa 6–8 Minuten halbgar sind, die Pfanne kurz vom Feuer nehmen, Paprika einstreuen, Fischbrühe zugießen und mit der mit etwas Mehl verquirlten Sahne kurz aufkochen lassen. Die Fischfilets in eine mit Butter ausgestrichene Backform legen, mit der Pilzsauce übergießen und im vorgeheizten Backofen bei 180°C 15 Minuten garziehen lassen. Vor dem Anrichten mit Paprikaringen verzieren und mit gehackter Petersilie bestreuen.
Als Beilage: Petersilienkartoffeln.

19
UNGARN

Kecskeméter Früchtereis

Kecskeméti gyümölcsrizs

Barack pálinka, der diesem Rezept die alkoholische Note gibt, ist ein zunächst klarer, herber Aprikosengeist, der erst nach langer Lagerung in Eichenfässern seine schöne goldgelbe Farbe annimmt. *Kecskeméti barack pálinka* ist mit den riesigen Aprikosengärten der Großen Tiefebene so eng verbunden, daß seine Geschichte fast unglaublich klingt: Das Grundrezept stammt aus Florida, und berühmt machte ihn in einer durchzechten Budapester Nacht ein Engländer. Er hieß Edward und war zu jener Zeit Anwärter auf den britischen Thron.

60 g Reis, 1 Liter Wasser, 1/4 Liter Milch, 2 Vanilleschoten, 4 Gelatineblätter, 40 g Zucker, 1/8 Liter süße Sahne, 10 in Zuckerwasser gedünstete Aprikosen. Aprikosensauce: 600 g reife Aprikosen, 1/3 Liter Wasser, 250 g Zucker, 1 EL Barack

Reis 5–6 Minuten im Wasser kochen, dann in ein Sieb gießen, abtropfen lassen und mit der kalten Milch neuerlich zum Kochen bringen. Vanilleschoten zugeben und den Reis weitere 12–15 Minuten quellen lassen. Gelatine in kaltem Wasser 5 Minuten einweichen, auspressen, mit dem Zucker vermischen und in den Reis einrühren. Kaltstellen und ehe die Masse stockt, die steifgeschlagene Sahne vorsichtig unterziehen. Reis mit halbierten Aprikosen verzieren.

Sauce: Die reifen Aprikosen durch ein Sieb drücken, mit Wasser und Zucker so lange aufkochen, bis die Sauce entsprechend eindickt, und mit einem Eßlöffel Barack verfeinern. Kalt zum Früchtereis servieren.

0,5 L
BARACK
PÁLINKA
40% (V/V)

Bakonyer Gänsekeule

Bakonyi libacomb

Wenn man sich der Meinung der Tierschutzverbände anschließen will, so ist die ungarische Gans ein ausgesprochener Pechvogel. Hierzulande darf sie nämlich – im Gegensatz zu anderen Ländern – noch gemästet werden. Und sie wird mit viel Eifer gemästet. Das macht ihre Leber schön groß und schön fett, und weil diese ein heiß begehrter Exportartikel ist, landet auch die übrige Gans meist rasch im Kochtopf.

4 Gänsekeulen, Salz, 80 g Gänsefett, 1 Zwiebel, 20 g Edelsüßpaprika, 1 Knoblauchzehe, etwas Kümmel, 1 kg Kartoffeln, 2 Tomaten, 2 grüne Paprikaschoten, Petersilie

Die Gänsekeulen waschen, gut abtrocknen, salzen, im heißen Gänsefett auf beiden Seiten rasch anbraten und aus der Pfanne nehmen. Im Restfett die kleingehackte Zwiebel anbräunen, vom Feuer nehmen, Paprika einstreuen und etwas Wasser aufgießen. Nun legt man die Gänsekeulen wieder in die entstandene Sauce, gibt eine zerdrückte Knoblauchzehe und etwas Kümmel dazu und schmort sie zugedeckt bei mittlerer Hitze etwa 30 Minuten. Sobald die Keulen halbgar sind, rückt man sie etwas zur Seite, gibt die geschälten, in Stifte geschnittenen Kartoffeln, die würfelig geschnittenen Tomaten und Paprika bei, salzt nach, gießt etwas Wasser auf und läßt alles zusammen zugedeckt 30–40 Minuten weichdünsten.

Sehr heiß – wenn möglich im Kochtopf – servieren und mit gehackter Petersilie bestreuen.

Göcsejer Gänseleber

Göcseji libamáj

Schon das Wort „Gans“ weckt Erinnerungen an ungarische Straßendörfer: kleine Häuser, große Tore, fruchtschwere Bäume, weißes Federvieh, das gelassen und in Kolonnen über die Fahrbahn schreitet.
Gänseleber ist Ungarns teuerste Delikatesse. Daß sie als Devisenbringer mehr und mehr ins Elsaß exportiert wird, um zu Straßburger Gänseleber verarbeitet zu werden, tut den heimischen Zubereitungsarten keinen Abbruch.

1 Gänseleber (etwa 800 g), 100 g Gänsefett, Salz, 1 Zwiebel, 1 TL Delikateßpaprika, Zwiebelringe

Gänseleber in 1–1,5 cm dicke Scheiben schneiden, 4–6 Minuten in Gänsefett braten, salzen, herausnehmen und warmstellen. Im Bratfond die kleingehackte Zwiebel anrösten, Pfanne kurz vom Feuer nehmen, Paprika einstreuen und nochmals langsam erhitzen. Gänseleberscheiben auf einer Platte anrichten, mit dem paprizierten Fond übergießen, mit Zwiebelringen garnieren und zu ofenwarmem Brot servieren.

Gänsereis Zigeuner Art

Libarizotto cigány-módra

350000 Zigeuner leben in Ungarn als ethnische Minderheit. Einst zogen sie mit Pferd und Wagen von Indien über Persien und Armenien nach Griechenland und von Griechenland über Bulgarien und Rumänien nach Ungarn. Die „Söhne des Windes“ brachten den Atem der Ferne mit und blieben fünfhundert Jahre lang fremd. Lediglich als virtuose Musikanten konnte sich die so oft eingeschüchterte Minderheit einen Platz in der Gesellschaft erobern. Schon 1489 wurde die erste Zigeunerkapelle in Ungarn urkundlich erwähnt, und seither sind Festessen und Zigeunerweisen fast untrennbar miteinander verbunden.

500 g Gänseklein, 1 Karotte, 1 Petersilienwurzel, 1 Stange Lauch, 1 kleine Zwiebel, Salz, 60 g Fett, 100 g Pilze, gehackte Petersilie, 200 g Reis, Safran, 1 Gänseleber, 50 g Gänsefett

Das Gänseklein säubern, in Stücke schneiden und zusammen mit dem in Stifte geschnittenen Suppengemüse in leicht gesalzenem Wasser 40–60 Minuten weichkochen. Nun das Fett erhitzen, die feinblättrig geschnittenen Pilze und die gehackte Petersilie kurz anrösten, das Gänseklein und den Reis zugeben, salzen, mit etwas Brühe ablöschen. Dann den in wenig heißem Wasser aufgelösten Safran zugeben und den Reis auf kleiner Flamme etwa 20 Minuten quellen lassen. Ab und zu Suppe aufgießen. Wenn der Reis fast gar ist, nicht mehr umrühren, vom Feuer nehmen und noch etwas ziehen lassen.

Gänseleber in dünne Scheiben schneiden, 4–6 Minuten in Gänsefett braten und salzen. Gänsereis heiß servieren, mit gebratenen Gänseleberscheiben garnieren. Dazu viel grünen Salat reichen.

Szegediner Gulasch

Szegedi gulyás

Um beim Szegediner Gulasch den vollen Geschmack zu erzielen, sollte man Rosenpaprika verwenden. Er gilt als „Königspaprika", und sein hoher Anteil an rotem Farbstoff gibt auch dem bei diesem Rezept mitverwendeten Sauerkraut ein „feuriges" Aussehen.

600 g Schweineschulter, 300 g Zwiebeln, 60 g Fett, 10 g Rosenpaprika, Salz, Kümmel, 1 Knoblauchzehe, 500 g Sauerkraut, etwas Mehl, 1/8 Liter saure Sahne, Dill

Das Fleisch grobwürfelig schneiden. Die in Scheiben geschnittenen Zwiebeln im Fett goldgelb rösten. Pfanne vom Feuer nehmen, Paprika einstreuen und mit etwas Wasser ablöschen. Das würfelig geschnittene Fleisch, Salz, Kümmel, die zerdrückte Knoblauchzehe beigeben und alles zusammen dünsten. Sobald das Fleisch nach etwa 30 Minuten halbgar ist, Sauerkraut einlegen und zusammen mit dem Fleisch weitere 30 Minuten dünsten. Zum Schluß die mit etwas Mehl gut verrührte saure Sahne untermischen und einige Minuten ziehen lassen. Vor dem Anrichten mit frisch gehacktem Dill bestreuen.

Hammelrippen Pál Kinizsi

Ürübordák Pál Kinizsi-módra

Die rasch zuzubereitenden Hammelrippen werden in ländlichen Tscharden – den traditionellen ungarischen Gasthöfen – unter verschiedenen Phantasienamen feilgeboten. Pál Kinizsi war ursprünglich ein armer Müllergeselle, der vom Leibeigenen zum berühmten Heerführer aufstieg. Alte Chroniken berichten aber nicht nur von seinem Mut, sondern auch von seiner Kraft. Er habe, heißt es dort, nach einer siegreichen Schlacht mit je einem Türken unter dem Arm getanzt, während er sich den dritten an den Kleidern zwischen die Zähne klemmte.

8 Hammelkoteletten, Salz, 500 g Speck, 100 g Fett, 4 Zwiebeln, 30 g Edelsüßpaprika, 1 Messerspitze Kirschpaprika, 2 kleine Tomaten

Koteletten salzen, mit vielen Speckstreifen spicken und im heißen Fett auf beiden Seiten anbraten. Herausnehmen und zur Seite legen. Im selben Fett die feingehackten Zwiebeln goldbraun dünsten, Pfanne vom Feuer nehmen, Paprika einstreuen, geviertelte Tomaten hinzufügen, etwas Wasser aufgießen, die Hammelkoteletten wieder einlegen und etwa 15 Minuten bei schwacher Hitze garen.

Zu Hammelrippen *tarhonya* oder Polenta servieren.

Gefüllter Hecht

Töltött csuka

Die meisten Rezepte für die Zubereitung von Hechten kamen über Österreich nach Ungarn und wurden dort dem Geschmack angepaßt. Da das Fleisch des im gesamten ungarischen Donauabschnitt vorkommenden Süßwasserräubers oft eher trocken ist, schmeckt es mit Füllung und Sauce besonders gut.

1 Hecht (bis 2 kg), Salz.
Füllung: 100 g Paniermehl, 3 EL Milch, 100 g Räucherspeck, 1 kleine Zwiebel, 100 g Pilze, 3 passierte Sardellen, Petersilie, 100 g Butter, 1 Zwiebel, 1/2 Knoblauchzehe.
Sauce: 1/8 Liter saure Sahne, Salz, Pfeffer, Zitronensaft, 1 TL Spezialpaprika

Hecht ohne Mittelgräte, aber mit Kopf und Schwanz verwenden. Gut waschen, innen und außen trockentupfen und salzen.

Paniermehl mit Milch mischen und quellen lassen. Speck kleinwürfelig schneiden, in eine heiße Pfanne geben und im entstehenden Fett die kleingehackte Zwiebel rösten. Sobald sie Farbe annimmt, die feingeschnittenen Pilze dazugeben und alles 10 Minuten gut dünsten. Wenn die Pilze gar sind, etwas auskühlen lassen und mit der Paniermehlmischung, den passierten Sardellen und etwas feingehackter Petersilie zu einem glatten Teig vermengen. In den Fisch füllen und die Öffnung zunähen. Nun den Hecht in eine gebutterte, feuerfeste Form einlegen, halbierte Zwiebel und halbe Knoblauchzehe beigeben, Butterflocken aufsetzen und im vorgeheizten Backofen bei 180–200° C unter oftmaligem Übergießen mit dem eigenen Saft ca. 40 Minuten garen.

Hecht auf eine Wärmeplatte heben, saure Sahne, Salz, Pfeffer, Zitronensaft und Paprika verrühren, mit dem Bratfond erhitzen und über den Hecht gießen. Rasch servieren.

Heiduckensuppe

Hajdú-leves

Teils waren die Heiducken Nachkommen der mittelalterlichen Rinderhirten, teils waren sie Nachkommen unsteter Südslawen, die sich in den Kämpfen gegen die Türken besonders ausgezeichnet hatten. Sie galten als wilde, ungezügelte Schar, verstanden sich jedoch prächtig auf das Kriegshandwerk und wurden vom Siebenbürgerfürsten István Bocskai auf seinen eigenen Gütern angesiedelt. Alle Ortsbezeichnungen in der Ungarischen Tiefebene, die mit „Hajdú“ beginnen, deuten auch heute noch auf die ersten Bewohner hin.

6 Kartoffeln, 1 Zwiebel, 80 g Fett,
2 Liter Knochenbrühe, Salz, 2 Brötchen,
300 g Csabaer Wurst, 1 EL Petersilie

Die Kartoffeln schälen, waschen und kleinwürfelig schneiden. Zwiebel feinhacken und in Fett goldbraun rösten. Kartoffelwürfel beigeben, mit Knochenbrühe aufgießen, salzen, kochen lassen. Nach etwa 10 Minuten zwei ganze Brötchen in die Suppe geben und mitkochen. Wenn die Kartoffeln genügend weich sind, streicht man alles durch ein Sieb, gibt die in Scheiben geschnittene Csabaer Wurst in die Suppe und serviert sie sehr heiß mit etwas gehackter Petersilie bestreut.

Bugacer Hirtenspieß

Bugaci pásztor-nyárs

Wann es den Menschen erstmals gelang, das Feuer nicht nur zu hüten, sondern auch zu erzeugen, liegt noch im geheimnisvollen Dunkel. Die ältesten Zeugnisse fanden sich in China und Ungarn: rußgeschwärzte Steine, die so stark erhitzt worden waren, daß man darüber ein Fleischstück braten konnte. Der nächste Schritt der Kochtechnik lag in der Entwicklung feuerfester Gefäße, der übernächste in der Bearbeitung von Eisen zu Kochspießen und Bratrosten. Schon die Helden Homers kannten die Köstlichkeit des Fleisches „brätelnd noch an den Spießen, und mit weißem Mehle bestreuet". Für die ungarischen Pußtahirten blieben *bogrács*, ihr großer Kochkessel, und Bratspieß viele Jahrhunderte lang die wichtigsten Kochutensilien.

200 g Schweinefleisch, 200 g Rindfleisch, 200 g Schweineleber, 200 g Räucherspeck, 2 grüne Paprikaschoten, 2 feste Tomaten oder Paprikatomaten, 8 Champignons, 8 kleine Zwiebeln, Salz, Pfeffer, Öl

Fleisch, Leber und Speck grobwürfelig schneiden, Paprikaschoten und Tomaten in Scheiben schneiden, Champignons und Zwiebeln halbieren und alle Zutaten abwechselnd auf die Spieße stecken. Salzen, pfeffern, das Fleisch mit Öl beträufeln und im vorgeheizten Grill ca. 10 Minuten auf höchster Stufe grillen. Von Zeit zu Zeit wenden.

Mit gebackenen Kartoffeln und Essig-Paprikas servieren.

Hühnersuppe à la Ujházy

Ujházi-leves

Ede Ujházy, ein berühmter ungarischer Schauspieler, der sich neben der Bühnenkunst auch der Kochkunst verschrieben hatte, verhalf einem Suppenhuhngericht zu weitreichender Berühmtheit. Gekocht wurde die erste Ujházy-Suppe im Budapester Stadtwäldchen-Restaurant des Károly Gundel, der bei der Weltausstellung in New York eine gastronomische Goldmedaille gewinnen konnte.

1 Suppenhuhn, 500 g Ochsenschwanz, 500 g Rindsknochen, Salz, 2 Karotten, 1 mittelgroße Sellerieknolle, 1 Petersilienwurzel, 100 g Champignons, Pfefferkörner, Petersilie, Ingwer; 200 g in Salzwasser gekochte Fadennudeln

Das Suppenhuhn sorgfältig ausnehmen, gut waschen und zusammen mit Ochsenschwanz und Rindsknochen in reichlich Wasser langsam kochen und gut abschäumen. Salzen. Nach etwa einer halben Stunde Kochzeit das in feine Stifte geschnittene Suppengemüse und die feinblättrig geschnittenen Champignons zugeben. In einem Leinensäckchen Pfefferkörner, feingehackte Petersilie und etwas Ingwer in die Suppe hängen und alles zusammen bei mäßiger Hitze 30 Minuten weiterkochen, bis das Fleisch sehr weich ist. Topf vom Feuer nehmen, Knochen herausheben und Ochsenschwanz für eine andere Verwendung zur Seite legen. Das Hühnerfleisch von Haut und Knochen befreien, zerkleinern und in eine Schüssel legen. Mit Suppe übergießen, die gekochten Fadennudeln beigeben und heiß servieren.

Kalbspörkölt

Borjú pörkölt

Die Zwiebeln, die bei all den *pörkölts* eine so große Rolle spielen, stammen in Ungarn zumeist aus der Gegend von Makó. Die Makóer Zwiebel verdankt ihren guten Ruf dem ungewöhnlich schönen, saftigen, weißen Fleisch. Makóer Zwiebeln wurden schon zu Beginn des vorigen Jahrhunderts erstmals exportiert. Einem Ondit zufolge brachten die Árpáden die Zwiebel aus den Steppen Innerasiens mit und pflanzten sie erstmals in einem Dörfchen an, das König Andreas II. zu Anfang des 13. Jahrhunderts einem Soldaten schenkte und nach ihm Makó benannte.

200 g Zwiebeln, 100 g Fett, 30 g Edelsüßpaprika, 600 g Kalbfleisch, Salz, 2 grüne Paprikaschoten, 2 Tomaten

Die feingeschnittenen Zwiebeln in Fett goldgelb rösten, vom Feuer nehmen und Paprika einstreuen. Nun legt man das würfelig geschnittene Kalbfleisch dazu, würzt mit Salz, gießt wenig Wasser auf und läßt das Fleisch zugedeckt etwa 30 Minuten langsam dünsten. Eventuell etwas Wasser nachgießen. Sobald das Fleisch halbgar ist, die entkernten, in Streifen geschnittenen Paprikaschoten und die in Scheiben geschnittenen, abgehäuteten Tomaten zugeben und alles zusammen zugedeckt noch 20 Minuten weiterdünsten.
Pörkölt wird zumeist mit Nockerln oder *tarhonya* serviert.

Karpfenpörkölt

Ponty pörkölt

Dem Fischreichtum des Landes verdanken wir nicht nur viele ausgezeichnete Rezepte, den Fischzuchtanstalten verdanken wir auch neue Arten. So wächst derzeit in den natürlichen Gewässern und in den großen Fischteichen der Tiefebene ein silbrig glänzender Karpfen mit orangeroten Flossen heran. Der durch Kreuzung neu gezüchtete Schuppenkarpfenhybride „Szarvas 31“ wächst schnell, ist widerstandsfähig und fettarm. Er hat alle Eigenschaften, die ihm eine große Karpfenzukunft voraussagen.

1 Karpfen (etwa 2 kg), 2 Zwiebeln, 100 g Fett, 20 g Edelsüßpaprika, 250 g Paprikaschoten, 250 g Tomaten, Salz, etwas Butter

Karpfen schuppen, ausnehmen, Innenhäute entfernen, Flossen und Kopf abschneiden. Rumpf gut waschen und in etwa 3–4 cm große Stücke schneiden. Zwiebeln grobhakken, in heißem Fett anbräunen, Pfanne vom Feuer nehmen, Paprika einstreuen und etwas Wasser aufgießen. Paprikaschoten entkernen, in Streifen schneiden, Tomaten überbrühen, häuten, in Scheiben schneiden und beides zusammen mit den Zwiebeln dünsten. Nach Geschmack salzen.

Die Karpfenstücke in eine mit etwas Butter ausgestrichene Emaillepfanne legen, mit dem Paprika-Tomaten-Gemisch übergießen und bei 180–200°C im vorgeheizten Backofen 20–30 Minuten garziehen lassen.

Als Beilage: Salzkartoffeln.

Hortobágyer Kartoffeln

Hortobágyi burgonyaétel

Die Pußta von Hortobágy ist trotz mannigfacher Schnörkel keine Operettenlandschaft, sondern herb, abweisend, ausgeglüht. Die Sonne schlägt im Sommer wie mit Fäusten auf die Ebene, sie dörrt den Boden aus und macht, ebenso wie der Eiswind im Winter, jedem *csikós* zu schaffen.

Die Pußtahirten leben heutzutage in kleinen Wohnsiedlungen, sie legen ihre Tracht nicht mehr in Schafsmilch und Haferstrohasche, um sie zu imprägnieren, sie reiben sie auch nicht mehr mit Speck ein, aber die alten *csikós*-Gerichte, jahrhundertelang von Generation zu Generation übertragen, haben sich erhalten.

150 g Räucherspeck, 60 g Fett, 1 Zwiebel, Salz, Pfeffer, 1 EL Delikateßpaprika, 300 g Szegediner Paprikasalami, 1 kg Kartoffeln, Fett oder Öl zum Ausbacken, 1 grüne Paprikaschote

Räucherspeck kleinwürfelig schneiden und in Fett anbräunen, die feingehackte Zwiebel beigeben und goldbraun rösten. Vom Feuer nehmen, salzen, pfeffern, mit Paprika bestreuen, etwa 1/8 Liter Wasser aufgießen und kurz aufkochen lassen. Nun gibt man die in Streifen geschnittene Salami hinzu und läßt alles zusammen zugedeckt 20 Minuten dünsten. Kartoffeln schälen, waschen, in Scheiben schneiden, gut abtrocknen und in heißem Fett oder Öl in 10–15 Minuten goldbraun braten. Gebratene Kartoffeln kurz auf Küchenkrepp abtropfen lassen, in einer feuerfesten Schüssel anrichten. Wurst darüber verteilen und mit Paprikaringen garnieren.

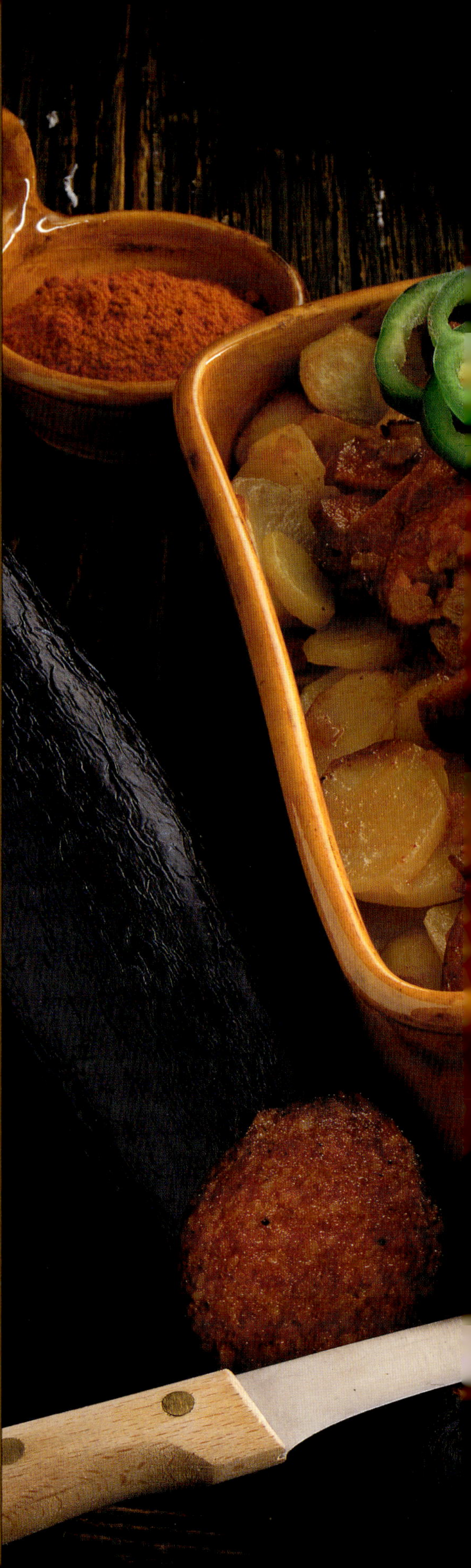

Kartoffeln à la Nyírség

Burgonyatálas Nyírség-módra

Im Nordosten der großen Ungarischen Tiefebene liegt die Nyírség mit ihren charakteristischen, aus kleinen Quarzkieseln bestehenden Dünen, die der Wind aus den Überschwemmungsgebieten der Theiß hierhergetragen und aufgeschichtet hat. Auf dem hügeligen Sandboden wachsen nicht nur Legionen von Apfelbäumen, hier gedeihen auch besonders schmackhafte Kartoffeln.

1 kg Kartoffeln, 200 g Räucherspeck, 80 g Fett, 2 große Zwiebeln, 10 g Edelsüßpaprika, etwas Bouillon, 100 g Tomatenmark, Salz, Pfeffer, Dill, Kümmel, 1/4 Liter saure Sahne, Petersilie, etwas Paprika

Kartoffeln schälen, waschen und in Scheiben schneiden. Speck würfelig schneiden, im heißen Fett anrösten und mit den feingehackten Zwiebeln goldbraun dünsten. Pfanne vom Feuer nehmen, Paprika einstreuen und leicht einziehen lassen. Kartoffelscheiben beigeben, in den Zwiebeln wenden und so viel Wasser oder Bouillon an die Kartoffeln gießen, bis sie knapp bedeckt sind. Tomatenmark, Salz, Pfeffer, Dill und Kümmel hinzufügen und alles zusammen etwa 15 Minuten auf kleiner Flamme dünsten.

Sobald die Kartoffeln gar sind, in einer vorgewärmten Schüssel anrichten, mit der etwas erwärmten sauren Sahne übergießen und mit gehackter Petersilie und etwas Paprika bestreuen.

Kalocsaer Kartoffelpudding

Kalocsai burgonyapuding

Kalocsa im Flachland zwischen Donau und Theiß, am südlichen Saum der Tiefebene, ist im Ausland durch seine überaus farbenprächtigen Stickereien bekannt. Dennoch ist die wichtigste Erwerbsquelle die Produktion von Edelpaprika.

Die geschützte Kalocsaer Paprikagegend erstreckt sich auf ein Gebiet mit einer Fläche von insgesamt 3500 Hektar und 32 Dörfern.

8 große Kartoffeln, 100 g Gänsefett, 8 Eigelb, Mehl, Salz, Thymian, 8 Eiweiß, 300 g Schinken, 30 g Butter, 1 TL Edelsüßpaprika, 1/8 Liter saure Sahne, etwas Butter, Paniermehl

Kartoffeln in der Schale kochen, schälen, passieren und mit dem nicht zu kalten Gänsefett glattrühren. Eigelb verquirlen und unter die Kartoffeln mischen, dann so viel Mehl einrühren, bis ein weicher Teig entsteht, salzen, mit Thymian würzen und den festen Schnee von den Eiweiß vorsichtig unterziehen.

Schinken feinhacken, kurz in heißer Butter anrösten, vom Feuer nehmen, mit Paprika würzen und mit der sauren Sahne vermischen.

Eine feuerfeste Form mit Butter ausstreichen und mit Paniermehl ausstreuen, dann die Hälfte der Kartoffelmasse einfüllen, die Schinkenmischung darübergeben und mit der zweiten Hälfte der Kartoffelmasse abdecken. Die Form mit einem Deckel verschließen, in einen großen Topf mit Wasser stellen und etwa 1 Stunde kochen lassen. Dann stürzen und sehr heiß mit viel grünem Salat servieren.

Alfölder Käseknödel

Alföldi sajtgombóc

Sie sind weder leicht noch kalorienarm, aber diese Käseknödel aus der südostungarischen Provinz schmecken auch als Vorspeise delikat. Wenn sie klein genug geraten sind, ißt man sie in den Dörfern des Tieflands noch „wie König Matthias der Gerechte" mit der Hand.

Die ungarischen Käsesorten, der dem Camembert ähnelnde Palpusztaer Käse und der dem Roquefort nahekommende *márványsajt,* eignen sich für dieses Rezept nur bedingt. In den Dörfern bereitet man die Knödel oft mit Schafskäse zu. Man kann aber jeden Reibekäse, besonders gut Parmesan, dazu verwenden.

4 Eiweiß, 200–250 g feingeriebener Käse, Salz, Pfeffer, 1 Messerspitze Paprika, 150 g Paniermehl, Fett zum Ausbacken, Petersilie

Die vier Eiweiß zu einem festen Schnee schlagen und so viel geriebenen Käse hinzugeben, bis ein weicher Teig entsteht. Salzen, pfeffern, mit Paprika würzen und kaltstellen, bis der Käse quillt und der Teig fest wird. Nun formt man kleine Kugeln, wälzt sie in Paniermehl und bäckt sie in Fett rasch goldgelb. Sofort mit gehackter Petersilie bestreuen und mit grünem Salat servieren.

Budapester Käsespieße

Budapesti sajtnyárs

Es sind keine ganz gewöhnlichen Käsespieße, von denen hier die Rede ist, sondern ein Rezept aus Großmutters Küche, das sich an der Eßtradition der reichlichen „Herrenkost“ des vergangenen Jahrhunderts orientiert. Wenn man jedoch die Käsespieße ganz klein und die Salatschüssel ganz groß macht, kann man das Gericht ohne Reue genießen.

8 dünne Käsescheiben, 100 g Zwiebeln, 100 g Butter, 2 Kalbshirne, Salz, Pfeffer, Petersilie, 1 Ei.
Teig: 140 g Mehl, 1/8 Liter Milch, 2 EL Öl, 2 Eigelb, Prise Salz, Fett oder Öl zum Ausbacken

Die Käsescheiben rechteckig, etwa 6 × 8 cm, zurechtschneiden. Die feingehackten Zwiebeln in Butter anrösten, die geputzten, kleingewürfelten Kalbshirne dazugeben, salzen, pfeffern und gut durchrösten. Zum Schluß etwas gehackte Petersilie einstreuen, ein Ei dazuschlagen und unterrühren, bis die Masse etwas bindet. Vom Feuer nehmen und auskühlen lassen.

Die ausgekühlte Hirnmasse auf die Käsescheiben verteilen, diese einrollen und mit Spießen zusammenstecken.

Aus Mehl, Milch, Öl, Eigelb und etwas Salz einen Backteig zubereiten. Die Spieße in den Teig eintauchen und in heißem Fett oder Öl rasch ausbacken.

Heiß und mit viel grünem Salat servieren.

Kesselgulasch

Bogrács gulyás

Im Ungarischen bedeutet *gulyá* die Rinderherde, *gulyás* heißt der Rinderhirte, *gulyás hús* (*hús* = Fleisch) oder in der Kurzform *gulyás* also eigentlich das „Rinderhirtenfleisch". Tatsächlich wurde es jahrhundertelang von den Hirten im berühmten *bogrács* gekocht, daher auch der Name *bogrács gulyás.*
Das Wort *gulyás* gelangte zusammen mit dem Rezept zu Beginn des 19. Jahrhunderts nach Österreich und verbreitete sich von dort aus als „Golasch" oder „Gulasch" weiter.

800 g Rindfleisch (Schulter, Lende oder Wade), 300 g Zwiebeln, 40 g Fett, 20 g Edelsüßpaprika, Salz, 1 TL Kümmel, 600 g Kartoffeln, 1 Tomate, 200 g Teigflecken

Fleisch waschen, gut trockentupfen und in Würfel schneiden. Die feingehackten Zwiebeln in heißem Fett goldgelb rösten, das Fleisch beigeben, Pfanne vom Feuer nehmen, Paprika einstreuen, mit Salz und Kümmel würzen und alles gut vermischen. Nun läßt man das Fleisch kurz anschmoren, gießt Wasser auf und läßt alles zugedeckt etwa 60 bis 80 Minuten bei mäßiger Hitze dünsten. Sobald das Fleisch kernweich geworden ist, die geschälten, würfelig geschnittenen Kartoffeln beigeben, Wasser aufgießen und langsam weiterkochen lassen. Nach etwa 30 Minuten die in Scheiben geschnittene Tomate einlegen. Wenn alles weich ist, 10 Minuten vor dem Anrichten noch die Teigflecken einkochen.
Die Teigflecken, ungarisch *csipetke,* kann man auch aus Nudelteig selbst zubereiten.
Kesselgulasch als Suppe servieren. Dazu frisches Bauernbrot.

Köménymag
I. Levesek.
Hamis húsleves.
Zabliszt leves.

Kirschenstrudel

Cseresznyés rétes

Rétes, der Strudel, gilt als ungarische Erfindung. Einem Ondit zufolge schickte das Pariser „Ritz" vor rund hundert Jahren klammheimlich einen Patissier nach Budapest, um das Rezept des *rétes hongrois* auszukundschaften. Ohne den ungarischen Erfindergeist jedoch schmälern zu wollen: Die Idee zum hauchdünnen Teig stammt ursprünglich von den Türken.

Teig: 300 g Mehl, 1 Ei, 1 EL Öl, Salz, etwa 1/8 Liter lauwarmes Wasser, Mehl zum Bestäuben.
Füllung: 1 kg Sauerkirschen, 150 g Zucker, 100 g Butter, 80 g Paniermehl, Butter zum Bestreichen

Mehl, Ei, Öl, eine Prise Salz und Wasser zu einem weichen, geschmeidigen Teig kneten, mit Öl bestreichen und eine halbe Stunde lang zugedeckt ruhen lassen. Anschließend den Teig in die Mitte eines gut bemehlten Tuches legen, etwas ausrollen, erneut mit etwas Öl bestreichen, dann mit bemehlten Handrücken unter den Teig greifen und diesen vorsichtig von der Mitte aus nach allen Seiten so lange ziehen, bis er fast durchscheinend wird. Kirschen entsteinen und mit dem Zucker vermischen. Den ausgezogenen Teig mit zerlassener Butter beträufeln, mit Paniermehl bestreuen und die Kirschfülle auflegen. Den Teig durch Hochheben des Tuches einrollen, die Enden einschlagen und fest zusammendrücken. Den Strudel auf ein gefettetes Backblech überwälzen, mit zerlassener Butter bestreichen und bei mittlerer Hitze im Backofen ca. 30 Minuten backen. Überzuckern und warm servieren.

Gefüllte Kohlrabi in Sahnesauce

Töltött kalarabé

Kohlrabi stammen aus der in Ungarn so heiß geliebten Kohlfamilie. Sie bestehen hauptsächlich aus Wasser, Kohlehydraten und Eiweiß und enthalten nur wenige Kalorien. Da der Gehalt an Vitamin C und Phosphor in den jungen Blättern viel höher ist als in den Knollen, sollte man die Blätter mitverwenden.

8 junge Kohlrabi, 4–8 junge Blätter, Salz, 40 g Fett, 1 Zwiebel.
Füllung: 300 g Schweinefleisch, Petersilie, Salz, Pfeffer, Paprika, Majoran, 2 Eigelb, Fleischbrühe.
Sauce: 40 g Butter, 2 EL Mehl, 1/8 Liter saure Sahne, Petersilie

Kohlrabi schälen, einen Deckel abschneiden, dann aushöhlen und die ausgeschnittenen Teile feinhacken. Die Blätter kurz in Salzwasser überkochen und ebenfalls feinhacken. Fett erhitzen und die feingeschnittene Zwiebel mit den Kohlrabiresten und den gehackten Blättern kurz durchrösten. Auskühlen lassen.
Schweinefleisch durch den Fleischwolf drehen, mit Petersilie, Salz, Pfeffer, Paprika, Majoran würzen und mit dem gehackten, gerösteten Gemüse und zwei Eigelb gut vermischen. Die Masse in die ausgehöhlten Kohlrabi drücken, Deckel aufsetzen und die fest gefüllten Kohlrabi in einen passenden Topf dicht nebeneinandersetzen. Fleischbrühe oder etwas Wasser aufgießen, salzen und bei milder Hitze etwa 40 Minuten zugedeckt weichdünsten.
Butter erhitzen, Mehl leicht anbräunen lassen und die Sahne unterrühren. Kurz aufkochen, die feingehackte Petersilie zugeben und die Sauce über die auf einer Platte angerichteten Kohlrabi gießen.

Kolosvarer gefülltes Kraut

Kolozsvári töltött káposzta

Sauerkraut ist gehobelter Weißkohl, der durch Zusatz von Salz eine Milchsäuregärung durchgemacht hat. Das gesunde, vitamin- und mineralstoffreiche Sauerkraut hat nur einen geringen Kaloriengehalt.

500 g Schweinefleisch, 100 g Reis, 1 Zwiebel, 40 g Fett, 1 Knoblauchzehe, Salz, Pfeffer, Majoran, 2 g Edelsüßpaprika, 1 Ei, 1 Weißkohl (etwa 800–1000 g), 1 kg Sauerkraut, 50 g Fett, 1 Zwiebel, Fett zum Ausstreichen, 200 g Räucherwurst, etwas Mehl, Paprika nach Belieben, 0,4 Liter saure Sahne, 4 Schweinekoteletts

Schweinefleisch durch den Fleischwolf drehen. Reis halbgar kochen. Die feingehackte Zwiebel in Fett anbraten, mit zerdrückter Knoblauchzehe, Schweinehack, Reis, Gewürzen und dem Ei zu einem Haschee verarbeiten. Junge Kohlblätter in kochendem Wasser 3–5 Minuten kochen. Das Haschee so auf die ausgekühlten Kohlblätter verteilen, daß man die Blätter gut zusammenrollen kann. Sauerkraut mit wenig Wasser 10–15 Minuten dünsten, die in Fett geröstete, feingehackte Zwiebel untermischen. Salzen. Kochtopf mit Fett ausstreichen, Sauerkraut einlegen, die Kohlrouladen dazugeben, Wasser aufgießen, bis alles bedeckt ist, in Scheiben geschnittene Räucherwurst dazugeben und alles zusammen zugedeckt bei mäßiger Hitze 50 Minuten kochen. Zum Schluß Kohlrouladen und Wurst herausnehmen. Dann die mit Mehl verquirlte – nach Geschmack paprizierte – saure Sahne über das Kraut gießen und kurz aufkochen lassen. Koteletts braten.

Sauerkraut, die mit saurer Sahne beträufelten Kohlrouladen, Koteletts und Wurstscheiben in einer Schüssel anrichten. Heiß servieren.

Köszeger Krautstrudel

Köszegi káposztásrétes

Seit Jahrhunderten hatten und haben Strudel in Westungarn ihren festen Platz bei traditionellen Festessen. Auf jeden Fall mußte am Neujahrstag ein Strudel auf dem Tisch stehen – „und sei er auch mißlungen oder verkohlt" –, man mußte ihn zumindest kosten, denn sonst würde es das ganze Jahr über nie mehr Strudel geben. Auch bei Hochzeitsessen dürfen Strudel nicht fehlen. Hier hat vor allem der Krautstrudel eine lange Tradition. Man bereitet ihn entweder als Beilage zum Fleisch oder, wenn man etwas mehr Speck nimmt, als Zwischengang zu.

1 Krautkopf (1 kg), Salz, 100 g Fett,
1 TL Puderzucker, 200 g Räucherspeck,
1 Zwiebel, etwas Essig, Pfeffer, Paprika,
Kümmel.
Strudelteig: siehe Seite 116; etwas Butter

Kraut kleinschneiden, salzen und eine Stunde ziehen lassen. Fett erhitzen, Puderzucker darin schmelzen, den kleinwürfelig geschnittenen Speck und die feingeschnittene Zwiebel mitrösten. Vom Feuer nehmen, mit einem Schuß Essig ablöschen, Kraut einlegen, mit Salz, Pfeffer, Paprika und Kümmel würzen, gut durchmischen und das Kraut zugedeckt etwa 15 Minuten gardünsten.

Strudelteig zubereiten, ausziehen, mit warmer Butter beträufeln, das ausgekühlte Kraut darauf verteilen und einrollen. Den fertigen Strudel mit der Naht nach unten auf das gefettete Backblech legen und bei 200° C im vorgeheizten Backofen 25–30 Minuten backen. Hin und wieder mit etwas Butter bestreichen.

Gefüllter Kürbis mit Dillsauce

Töltött tök kapormártással

Dill, lateinisch *Anethum graveolens,* ist ein Zuwanderer aus dem Mittelmeergebiet, eine Gewürzpflanze aus der großen Familie der Doldenblütler. Dill wird im ländlichen Ungarn in fast allen Küchengärten gezogen, und neben den frischen oder getrockneten Blättern werden oft auch die Körner zum Würzen verwendet. Schon die alten Ägypter kannten Dill als Heilkraut. Heute schätzt man vor allem den hohen Vitamin-C-Gehalt und das unverwechselbare Aroma des in ihm enthaltenen ätherischen Öles.

1 Kürbis (etwa 1000–1200 g oder 2 kleine Kürbisse), 250 g Schweinefleisch, 250 g Kalbfleisch, 1/8 Liter Milch, 1 Brötchen, 1 Ei, 1/8 Liter süße Sahne, Salz, Pfeffer, etwas Majoran, 100 g Butter.
Sauce: 100 g Butter, 50 g Mehl, 3 EL Milch, 2 EL Sahne, 40 g Dillkraut

Kürbis waschen, schälen, halbieren, Kerne entfernen und in bootähnliche Stücke schneiden. Fleisch durch den Fleischwolf drehen und mit einem in Milch eingeweichten Brötchen, einem Ei und Sahne zu einer glatten Füllung verarbeiten. Mit Salz, Pfeffer und Majoran würzen und die Masse in die „Kürbisboote" füllen. Eine Pfanne mit Butter ausstreichen, die gefüllten Kürbisstücke auflegen, Butterflocken aufsetzen, mit Alu-Folie abdekken und im vorgeheizten Backofen bei 180–200° C etwa 40 Minuten garen.
Dillsauce: Aus Butter und Mehl eine helle Mehlschwitze zubereiten, Milch aufgießen, etwas Sahne zugeben und gut aufkochen lassen. Zum Schluß das feingehackte Dillkraut untermischen und die Sauce über die Kürbisse gießen. Etwas einziehen lassen und heiß servieren.

Kürbissuppe

Tökleves

Die einjährige Kürbispflanze gedeiht auf guter Erde, sie mag sonnige und feuchte Lagen und fühlt sich in weiten Teilen Ungarns sehr wohl. Schon die Römer kannten die in den Tropen und Subtropen heimischen Flaschenkürbisse, aber die echten Speisekürbisse kamen erst im 16. Jahrhundert aus Amerika nach Europa.

Ein Tip: Kaufen Sie Kürbisse im September ein, und wählen Sie junge Früchte mit festem Fruchtfleisch aus.

1 Kürbis (bis zu 1 kg), 1 EL feingehackter Dill, 50 g Butter, 1/4 Liter saure Sahne, 2 EL Mehl, Salz, Pfeffer, Fleischbrühe, 2 Eigelb, Weißbrotwürfel

Kürbis waschen, schälen, halbieren, die Kerne entfernen und das Fruchtfleisch in kleine Würfel schneiden. Feingehackten Dill darüberstreuen und etwas einziehen lassen. Butter erhitzen, Kürbiswürfel und Dill zugeben und mit wenig Wasser bei geringer Hitze 10–15 Minuten dünsten. Die fertig gedünsteten Kürbisse durch ein Sieb drücken. Saure Sahne mit Mehl verquirlen, die Kürbismasse dazugeben, salzen, pfeffern und mit Fleischbrühe aufgießen. Kurz aufkochen lassen. In einer Schüssel 2 Eigelb aufschlagen, Suppe darübergießen und mit gerösteten Weißbrotwürfeln bestreuen.

PLATTENSE
AHAMSE
ABRAHÁMHEG
MUSC
LÖNLEGES MINŐSÉG
EDT SZŐLŐBŐL KÉSZ
AUSBRUCH
HOCHWERTIGER
QUALITÄTSWEIN

Lammroulade Kiskunság

Bárányrolád Kiskunság-módra

Lange Zeit hatte Lammfleisch keinen sehr guten Ruf in der ungarischen Küche. Man züchtete Schafe der Wolle wegen, und nicht einmal die türkischen eineinhalb Jahrhunderte schlugen in Hammelrezepten zu Buche. Erst in jüngster Zeit macht man sich die Mühe, Hammel- und Lammfleisch nicht nur als billigen Rindfleischersatz beim Gulasch zu betrachten, sondern auch neue Rezepte für eine kalorienärmere Küche zu kreieren.

600 g Rückenfilet vom Lamm, Salz, Pfeffer, Senf, 60 g Fett, 1 Messerspitze Paprika, 150 g kleingehacktes Kalbfleisch, 1 Kopf Weißkohl (800–1000 g), 1 Schweinsnetz

Filet salzen, pfeffern, sparsam mit Senf bestreichen, rundum in Fett anbraten, vom Feuer nehmen und paprizieren. In wenig Fett das kleingehackte Kalbfleisch rasch durchrösten und in den Bratfond des Filets geben. Vom Weißkohl die äußeren Blätter entfernen, die übrigen vom Strunk lösen und in reichlich Salzwasser in 10–12 Minuten garkochen. Die Kohlblätter auf Küchenkrepp abtropfen lassen, die dicken Rippen herausschneiden und die Blätter auf einer Serviette überlappend so schichten, daß ein Rechteck entsteht, groß genug, um das Filet damit einzuhüllen. Zuerst das gehackte Kalbfleisch, dann das Filet auf die Kohlblätter legen, mit der Serviette einrollen und die Kohlroulade fest zusammenpressen. Sobald kein Wasser mehr austritt, Serviette abnehmen, die Kohlroulade in ein vorbereitetes Schweinsnetz hüllen und bei 200° C etwa 40 Minuten im vorgeheizten Backofen braten.

Roulade in Scheiben schneiden und auf Karotten, Kohlrabi und grünen Erbsen servieren.

EXPORT MONIMPEX BUDAPEST

Lecsó mit Gyulaer Wurst

Lecsó Gyulai kolbásszal

Wie nur ganz selten in der ungarischen Küche spielt hier die Tomate eine den Paprikas ebenbürtige Rolle. Sie gibt dem Gericht nicht nur die Farbe, sondern auch einen hervorragenden Geschmack. *Lecsó* wird entweder als reine Gemüsepfanne oder mit Wurst zubereitet. Dieses Rezept aus dem Gebiet jenseits der Theiß kommt natürlich an der Gyulaer Wurst nicht vorbei.

60 g Räucherspeck, 60 g Fett, 2 Zwiebeln, 30 g Edelsüßpaprika, 500 g grüne Paprikaschoten, 500 g Tomaten, Salz, Pfeffer, 500 g Gyulaer Wurst (oder paprizierte Dauerwurst)

Speck kleinwürfelig schneiden und im heißen Fett kurz anrösten. Zwiebeln kleinhacken und ebenfalls anbräunen. Topf vom Feuer nehmen und Paprika einstreuen. Nun gibt man die entkernten, in Streifen geschnittenen Paprikaschoten und die überbrühten, abgehäuteten, in Viertel geschnittenen Tomaten dazu, würzt mit Salz und Pfeffer und läßt das Ganze bei mäßiger Hitze etwa 30 Minuten weichdünsten. Zum Schluß die in Scheiben geschnittene Wurst einlegen und 5 Minuten mitdünsten. Als Eintopf servieren.

Beliebte Beilage: Brot mit Knoblauchbutter.

Visegráder gefüllte Lendenschnitten

Töltött bélszin Visegrád-módra

„Ex Visegrádo paradiso terrestri ...". Aus Visegrád, dem irdischen Paradies, überschrieb ein päpstlicher Gesandter seinen Brief aus dem Renaissancepalast des Königs Matthias. Matthias, „der göttliche Herrscher, Vater aller schönen Künste und Gönner der Begabten", galt auch als königlicher Gourmet. An seinem Hof ahmte man den Lebensstil der Medici nach. Es ist denkbar, daß man auch die Florentiner Pfannengerichte kopierte und daß die „Visegráder Lendenschnitte", die als Rezept schon lange Zeit nachgewiesen werden kann, dort ihren Ursprung hat.

8 Lendenscheiben, Salz, Pfeffer, 200 g Hühnerleber, 100 g Butter, 200 g Pilze, Petersilie, 1 Ei

Die Lendenscheiben sehr dünn klopfen, salzen und pfeffern. Hühnerleber feinschneiden, in Butter anrösten, die blättrig geschnittenen Pilze beigeben, mit gehackter Petersilie bestreuen und alles zusammen 10–12 Minuten dünsten. Aus der Pfanne nehmen, auskühlen lassen und mit dem Wiegemesser feinhacken. Masse mit einem Eigelb vermischen, salzen und auf vier Lendenscheiben so aufstreichen, daß ein 1 1/2 cm breiter Rand freibleibt. Mit den restlichen vier Lendenscheiben abdecken und mit Eiweiß zusammenkleben. Die gefüllten Schnitten auf den heißen Grillrost legen und bei voller Heizleistung von beiden Seiten 5–7 Minuten grillen.

Als Beilage eignen sich Pilze und Kümmelkartoffeln.

Liptauer mit Garnitur

Kőrözött

Unter „Liptauer Gebirge“ stellt man sich heutzutage bestenfalls einen Berg Streichkäse vor. Tatsächlich aber gibt es die Liptauer Alpen. Sie liegen der Hohen Tatra im Süden gegenüber und gehörten wie das Komitat „Liptau“ einmal zu Ungarn. Heute heißen sie Liptovské Tatry und liegen auf dem Gebiet der Tschechoslowakei. Die böhmische Küche hat sich ebenfalls des „Liptauers“ bemächtigt. Das Grundrezept kommt dennoch aus Ungarn. Eine nach Liptó Szent Miklós zugezogene Siebenbürgerin soll es erstmals zubereitet haben.

200 g Schafsquark, 100 g Butter, 1/2 TL Edelsüßpaprika, Salz, 1/2 Zwiebel, Kümmel, Schnittlauch, 1 grüne Paprikaschote

Quark und Butter schaumig rühren, mit Paprika, Salz, kleingehackter Zwiebel und Kümmel würzen, kaltstellen.

Liptauer kann mit feingehacktem Schnittlauch bestreut oder mit Paprikaringen belegt als Brotaufstrich dienen. Mit Liptauer kann man jedoch auch hartgekochte Eier, Tomaten, Paprikaschoten, Gurken oder weichgekochte Zwiebeln füllen und dekorativ anrichten.

Majorantokány

Tokány majoránnal

Hier verleiht ausnahmsweise nicht der Paprika dem *tokány* den charakteristischen Geschmack, sondern eines der ältesten Würzkräuter Mitteleuropas, der Majoran. Besonders in der italienischen Küche zur Zeit der Renaissance wurde viel Majoran verwendet. Es ist durchaus denkbar, daß die Königstochter Beatrice, die Gemahlin des Königs Matthias, das Würzkraut aus Italien in ihre neue Heimat mitbrachte.

800 g Rindfleisch, 2 Zwiebeln, 80 g Fett, Salz, Pfeffer, Majoran, 1/8 Liter Weißwein, 200 g Räucherspeck, 1/8 Liter saure Sahne, etwas Mehl

Rindfleisch in Streifen schneiden. Die Zwiebeln feinhacken, in heißem Fett rasch anrösten, das Fleisch dazugeben, mit Salz, Pfeffer und Majoran würzen und in Weißwein bei geringer Hitze 35–40 Minuten dünsten. Speck in Streifen schneiden, anrösten und in der letzten Kochphase unter das Fleisch mischen. Saure Sahne, die mit wenig Mehl verrührt wurde, dazugeben, kurz aufwallen lassen und das *tokány* in einer flachen Pfanne servieren.

Soproner Nudelauflauf

Soproni tésztafelfújt

Erst im 18. Jahrhundert wurde Mohn durch das aus dem Mohnkapselsaft gewonnene Opium berüchtigt. Englands Ostindischer Handelskompanie fiel der traurige Ruhm zu, die chinesische Gesellschaft bewußt dem Laster des Opiumrauchens in die Arme getrieben zu haben. Mohn, der für dieses Rezept reichlich verwendet wird, macht jedoch nicht süchtig. Schlimmstenfalls nach Nudelauflauf.

250 g Bandnudeln, 100 g Butter, 1 EL Mehl, 1/4 Liter Milch, 4 Eigelb, Zitronenschale, 100 g Nüsse, 80 g Zucker, Vanillezucker, 4 Eiweiß.
Füllung: 250 g gemahlener Mohn, Zimt, 50 g Puderzucker, 1/8 Liter Milch, etwas Butter

Die Nudeln in kochendes Wasser einlegen und nicht zu weich kochen. Anschließend in ein Sieb schütten, kalt abschrecken und gut abtropfen lassen. Butter erhitzen, Mehl hinzufügen, Milch aufgießen, glattrühren, gut einkochen lassen und eine dickliche Béchamelsauce erzeugen. Sobald die Sauce ausgekühlt ist, rührt man die Eigelb, etwas geriebene Zitronenschale, die feingehackten Nüsse, Zukker und Vanillezucker ein, vermischt die Nudeln mit dieser Masse und hebt zum Schluß vorsichtig den Schnee von 4 Eiweiß darunter. Die Zutaten zur Mohnfülle werden mit heißer Milch verrührt.

Nun füllt man die Hälfte der Nudelmasse in eine gebutterte Backform, streicht die Mohnfülle darüber und deckt sie mit der zweiten Hälfte der Nudelmasse ab. Im vorgeheizten Backofen bei 180–200 °C etwa 40 Minuten backen. Den Auflauf überzuckern und heiß servieren.

Gezupfter Nudelteig

Túrós csusza

Túrós csusza kann auch mit „Flecken", in diesem Fall mit „Quarkflecken", übersetzt werden. In der westungarischen Bauernküche vergeht kaum ein Tag, an dem nicht eine gekochte Mehlspeise auf den Tisch kommt. „Gezupfter Nudelteig" wird am liebsten nach einer sättigenden Fischsuppe gegessen.

500 g Mehl, 3 Eier, Salz, 1 EL Butter, 80 g Fett, 80 g Räucherspeck, 400 g Quark, 1/4 Liter saure Sahne

Aus Mehl, Eiern, Salz und etwas Wasser einen festen Teig kneten, ruhen lassen und anschließend ganz dünn ausrollen. Nun „zupft" man den Teig in beliebig große Stücke und kocht die „Flecken" in siedendem Salzwasser, dem man einen Eßlöffel Butter beigegeben hat. Nach dem Kochen die Flecken in ein Sieb schütten, mit kaltem Wasser abschrecken, gut abtropfen lassen und in heißem Fett schwenken. Inzwischen schneidet man den Speck kleinwürfelig, läßt ihn in einer geeigneten Pfanne aus und erzeugt goldgelbe Grieben. Die Flecken werden in einer flachen, erwärmten Schüssel angerichtet. Sie werden mit zerkrümmeltem Quark bestreut, mit der kalten sauren Sahne übergossen und mit den frischen, heißen Grieben bedeckt.

LISZT

Gelegte Palatschinken

Rakott palacsinta

Schon vor Jahrhunderten goß man in den Dörfern Siebenbürgens dünnflüssigen Teig auf eigene Fladenbacksteine, um Eierkuchen zu erzeugen, die man in Rumänien *placinta* nannte. Die Ungarn übernahmen die Kunst des Backens, sie übernahmen auch das Wort und machten *palacsinta* daraus. Die Österreicher wiederum übertrugen es als *Palatschinke* in ihre Sprache.

Teig: 150 g Mehl, 3 Eier, 1/8 Liter Milch, 1/8 Liter Wasser, eine Prise Salz, Butter zum Ausbacken.
Fülle 1: 40 g Puderzucker, 120 g geriebene Nüsse.
Fülle 2: 120 g Quark, 3 Eigelb, 80 g Zucker, 2 EL süße Sahne, 30 g Rosinen.
Fülle 3: 60 g Schokolade, 80 g Butter.
Fülle 4: 150 g Aprikosenmarmelade; 3 Eiweiß, Vanillezucker

Aus Mehl, Eiern, Milch, Wasser und Salz einen dünnflüssigen Teig herstellen. Butter in einer flachen Pfanne erhitzen und etwas Teig eingießen. Über den Pfannenboden auslaufen lassen und dünne Palatschinken backen.

Die erste Palatschinke in eine ausgebutterte Springform legen und mit Puderzucker vermischte Nüsse darüberstreuen. Die nächste Palatschinke auflegen und mit der Mischung aus Quark, Eigelb, Zucker, Sahne und Rosinen bestreichen. Mit einer weiteren Palatschinke abdecken, diese mit geriebener Schokolade bestreuen und ein paar Butterflocken darüber verteilen. Die nächste Palatschinke mit Aprikosenmarmelade bestreichen. Diese Schichtung kann so lange wiederholt werden, bis alle Palatschinken aufgebraucht sind. Nun gießt man steifgeschlagenen Eischnee darüber und überbäckt alles 3–4 Minuten im 200° C heißen Backofen. Warm und mit Vanillezukker bestreut servieren.

Palotzensuppe

Palócleves

Die vielleicht interessanteste Volksgruppe Ungarns, die Palótzen, magyarisierte Nachkommen der Kumanen, deren Land sich in Nordungarn zwischen Ipoly und Sajó erstreckt, bewahren heute nur mehr wenige Reste ihrer alten Kultur. Längst sind die alten Trachten, die roten Mädchenstiefel und die wilden Tänze aus dem Alltagsleben verschwunden. Geblieben sind aber noch einige alte Rezepte, wie diese aus Hammelfleisch zubereitete Suppe.

800 g Hammelfleisch, Essigwasser (auf 1 Liter Wasser 2 EL Essig), 50 g Fett, 2 große Zwiebeln, 1 EL Spezialpaprika, 5 g Kümmel, 1 kleines Lorbeerblatt, 150 g Kartoffeln, 150 g grüne Bohnen, 1/4 Liter saure Sahne, 1 TL Mehl

Hammelfleisch 2 Stunden in mit Essig gesäuertes kaltes Wasser legen, dann gut waschen, abtropfen lassen und würfelig schneiden. Fett erhitzen, die kleingehackten Zwiebeln goldgelb anrösten und zum Einstreuen von Paprika kurz vom Feuer nehmen. Nun das Fleisch einlegen, etwas Wasser aufgießen, Kümmel und das Lorbeerblatt beigeben und alles zusammen etwa 1 Stunde dünsten. Inzwischen kocht man würfelig geschnittene Kartoffeln und geschnittene grüne Bohnen getrennt in Salzwasser. Wenn alles gar ist, gibt man die Kartoffeln und die Bohnen zum fertig gedünsteten Fleisch und gießt so viel vom Kochwasser der Kartoffeln auf, bis eine dicke Suppe entsteht. Die saure Sahne mit etwas Mehl verrühren und beigeben.

Sehr heiß mit ofenwarmem Brot servieren.

Paprikahähnchen

Paprikás csirke

Irgendwann im 18. Jahrhundert muß das erste Paprikahähnchen auf einem ungarischen Tisch serviert worden sein, und seither ist es der höchste Stolz der Landesküche. „Man kaufe stets lebende Hühner und schlachte diese höchstens eine Stunde, ehe sie in den Kochtopf wandern“, so steht es noch in einem gerade eben erschienenen ungarischen Haushaltsbuch. Unter uns: Man muß das Huhn keineswegs selbst schlachten, um ein gutes Paprikahähnchen zuzubereiten.

1 junges Brathähnchen (etwa 800 g), Salz, 150 g Räucherspeck, 1 Zwiebel, 1 TL Edelsüßpaprika, etwas Knochenbrühe, Hühnerleber, 1/4 Liter saure Sahne

Das ausgenommene Hähnchen gut waschen, trockentupfen, salzen und in acht Teile zerlegen: Flügel und Keulen ablösen, die Brust der Länge nach und den Rücken quer halbieren. Speck kleinwürfelig schneiden und in der heißen Pfanne rösten, bis das Fett auskocht. Nun gibt man die kleingehackte Zwiebel bei, läßt sie goldbraun werden und nimmt die Pfanne kurz vom Feuer. Paprika einstreuen, die Hähnchenteile einlegen, anbraten lassen und, sobald der eigene Saft verdampft ist, etwas Brühe aufgießen. Hähnchen zugedeckt auf kleiner Flamme etwa 60 Minuten dünsten, die Hähnchenteile wiederholt wenden. Sind die Keulen fast gar, legt man die Hühnerleber ein und läßt sie etwa 10 Minuten mitdünsten. Zum Schluß saure Sahne zugießen, kurz aufkochen lassen und das Paprikahähnchen sofort und sehr heiß servieren.

Beilage: Leichte Spätzle.

50dkg
5Kg

Paprikanieren mit Zwiebelkartoffeln

Paprikásvese hagymásburgonyával

In der Zeit der Leibeigenschaft galten Geflügel, Fische und Wild als „Herrenspeisen“, Frischfleisch gab es nur äußerst selten. Kein Wunder, daß gute Hausfrauen viel Phantasie auf die Zubereitung von bescheidenen Gerichten verwandten. Die Zwiebelkartoffeln dienten häufig als Hauptspeise, und die Paprikanieren dazu gab es nur zur Zeit des „Sautanzes“.

600 g Schweinenieren, 50 g Fett, 2 Zwiebeln, Mehl, 3 EL saure Sahne, 1 TL Paprika, Salz, 8 mittelgroße Kartoffeln, 50 g Butter, Pfeffer, 1/2 Liter Fleischbrühe, 2 Zwiebeln, Petersilie

Nieren in dünne Scheiben schneiden. Fett erhitzen, die in Ringe geschnittenen Zwiebeln goldgelb rösten, Nieren beigeben, 5 Minuten mitrösten, mit Mehl bestäuben und die saure Sahne untermischen. Vor dem ersten Aufwallen Pfanne vom Feuer nehmen, Paprika einstreuen und etwas Wasser aufgießen. Nieren etwa 30 Minuten bei geringer Hitze gardünsten. Salzen. Die Kartoffeln schälen und blättrig einschneiden, jedoch so, daß sie unten noch zusammenhängen. Nebeneinander in eine gebutterte Pfanne legen, salzen, pfeffern, die Fleischbrühe zugießen und die Kartoffeln im vorgeheizten Backofen bei 200° C etwa 1/2 Stunde lang garen. Dann schneidet man die Zwiebeln in feine Ringe, steckt sie zwischen die Kartoffelscheiben, setzt einige Butterflöckchen auf und überbäckt die Kartoffeln im Backofen, bis sie ganz weich und die Zwiebelscheiben schön braun sind. Nieren in eine Gratinform legen, mit den Kartoffeln garnieren und mit gehackter Petersilie bestreuen.

Paprikaschnitzel mit Nockerln

Paprikasszelet galuskával

Das Paprikaschnitzel ist eine ungarische Variante des Naturschnitzels. Eugen von Vaerst schrieb schon 1851 in seiner Gastrosophie: „Das Kalb kommt unter so vielen Formen auf die Tafel, daß man es das Chamäleon der Küche nennen kann. Fast alle Teile bieten sich den mannigfaltigen Launen der Küche dar, es kann selbst verschiedenartig maskiert die Eßlust täuschen, ja erwecken."

4 Kalbsschnitzel, Salz, etwas Mehl, 80 g Fett, 50 g Räucherspeck, 1/2 Zwiebel, 1 TL Rosenpaprika, 1/8 Liter saure Sahne, etwas Mehl. Für die Nockerln: 250 g Mehl, 3 Eier, Salz, etwas Butter

Die Schnitzel klopfen, Hautränder durchtrennen, salzen, auf einer Seite bemehlen und in heißem Fett auf jeder Seite 2–3 Minuten goldbraun braten.

In einer zweiten Pfanne Fett erhitzen, den würfelig geschnittenen Speck glasig werden lassen und die feingehackte halbe Zwiebel goldgelb anrösten. Vom Feuer nehmen, Paprika einstreuen, etwas Wasser aufgießen und aufkochen lassen. Saure Sahne mit etwas Mehl verrühren, in die Paprikasauce geben, dann die Schnitzel einlegen und 5 Minuten in der Sauce schmoren lassen.

Nockerln: Mehl, Eier und Salz mit etwas Wasser zu einem glatten Teig verarbeiten. Teig durch ein Nockerlnsieb in kochendes Salzwasser drücken. Sobald die Nockerln an die Wasseroberfläche kommen, herausnehmen, mit kaltem Wasser abschrecken, abtropfen lassen und in heißer Butter wenden.

Gefüllte Paprikaschoten

Töltött paprika

Die entkernten Paprikaschoten eignen sich so hervorragend zum Füllen, daß sich die Rezepte oft ganz zwangsläufig aus den vorhandenen Zutaten ergeben. Demgemäß hat sich auch die Resteküche der praktischen Schoten angenommen. Doch darüber rümpft man im Ursprungsland der Paprikaküche eher die Nase. Hier bereitet man die Fülle aus frisch gehacktem Schweinefleisch zu – und nur aus Schweinefleisch!

8 frische mittelgroße grüne Paprikaschoten.
Füllung: 400 g Schweinefleisch, 50 g Fett, 1 Zwiebel, 1/2 Knoblauchzehe, Salz, Pfeffer, 1 Ei, 100 g gekochter Reis.
Sauce: 50 g Fett, 1 EL Mehl, Salz, Pfeffer, 400 g Tomaten, etwas Butter

Stiele der Paprikaschoten entfernen, einen Deckel abschneiden, sorgfältig entkernen. Außen und innen gut waschen.
Schweinefleisch durch den Fleischwolf drehen. Fett erhitzen, die kleingehackte Zwiebel goldgelb rösten, das Fleisch dazugeben und kurz mitrösten. Etwas auskühlen lassen. Mit Knoblauch, Salz und Pfeffer würzen und mit einem Ei und dem gekochten Reis zu einer glatten Masse verarbeiten, die man nun in die Schoten füllt.
Aus Fett und Mehl eine helle Schwitze zubereiten und mit den gekochten, passierten, mit Salz und Pfeffer gewürzten Tomaten zu einer Sauce verrühren.
Nun legt man die gefüllten Paprikaschoten in eine gebutterte Kasserolle, bedeckt sie mit Tomatensauce und läßt sie im Backofen bei 200° C etwa 20–25 Minuten dünsten.

Paschas Brotauflauf

Kenyérfelfújt Pasa-módra

Auch nach der Vertreibung der Türken aus dem ungarischen Raum blieben in Eger noch mehrere hundert osmanische Familien zurück. Aus ihrem Rezeptschatz stammt die folgende Süßspeise, der man vor allem in den Dörfern des nordungarischen Bükk-Gebirges oft begegnet.

8 Scheiben Weißbrot, 250 g Quark, 1/8 Liter süße Sahne, 1 EL Honig, 80 g Rosinen, etwas Zitronensaft, 1/2 Liter Milch, 1 halbierte Vanilleschote, 120 g Zucker, 20 g Speisestärke, 3 Eigelb, 4 EL süße Sahne, etwas Butter

Weißbrotscheiben im Backofen ganz leicht anbräunen lassen. Aus Quark, Sahne, Honig, Rosinen und etwas Zitronensaft eine Creme rühren und dick auf 4 Weißbrotscheiben streichen. Mit den restlichen vier Brotscheiben abdecken. Nun kocht man 2/3 der Milch mit der Vanilleschote auf, rührt die restliche Milch mit Zucker und Speisestärke glatt und schlägt sie mit dem Schneebesen in die kochende Milch ein. Kurz aufkochen lassen, vom Feuer nehmen und mit Eigelb und Sahne legieren.

Nun legt man die gefüllten Brote in eine ausgebutterte Backform, übergießt sie mit der Vanillesauce und überbäckt sie 15–20 Minuten im 200° C heißen Backofen.

Akazienblüten
HONIG
aus Ungarn
unvergleichlichem Aroma. Durch den hohen Frucht-
bleibt er besonders lange flüssig und gibt rasch
Ideal auch zum Süßen von Kaffee und Tee.
Abfüllbetrieb Heinz Ehrich KG., Achim

Gefüllte Pilzköpfe

Töltött gombafejek

Kaiser Tiberius, der im Jahre 12 v. Chr. Ungarns römische Periode einleitete, galt als äußerst verständiger Gourmet. Bei dem römischen Dichter Sabinius bestellte er ein Streitgespräch, in dem Pilze, Austern und Vögel darüber diskutieren sollten, wem wohl die Krone der Schmackhaftigkeit gebühre. Inzwischen hat man sich im ehemaligen Pannonien längst für die Pilze entschieden. Auch die neueren Rezepte – wie dieses hier – sind erstaunlich kreativ.

500 g Pilzköpfe (auch große Champignons eignen sich), Salz, Mehl, Butter zum Braten. Füllung: 400 g Salami, 1 kleine Zwiebel, 1 grüne Paprikaschote, 1 Bund Schnittlauch, 100 g Reibekäse, Salz, Pfeffer, 50 g Butter

Pilzköpfe putzen, waschen, gut abtropfen lassen, salzen, in Mehl wenden und in heißer Butter 10–12 Minuten braten.

Salami, Zwiebel, Paprikaschote und Schnittlauch kleinhacken, mit dem Reibekäse vermischen, salzen, pfeffern und mit etwas zerlassener Butter gut verrühren.

Nun die Füllung auf die hohle Seite der Pilzköpfe geben und diese anschließend im heißen Grill 3–5 Minuten überbacken. Auf Blattspinat servieren.

Zempléner Pilzpfanne

Zempléni gombatálas

Wahrscheinlich gab es schon in der Küche der Ur-Ungarn Pilze, aber man maß ihnen wohl eher die Rolle geschmacksverfeinernder Gewürze zu. Heute verwendet die ungarische Küche viele frische Pilze, aber auch Pilzextrakte, gesalzene und gesäuerte Pilze, Pilzkonserven und tiefgefrorene Pilze.

Die besten Pilzgerichte werden in Nordungarn zubereitet. Dieses hier stammt aus der Gegend des Zempléner Gebirges, an dessen Rand die weltberühmten Tokajer-Weine wachsen.

600 g Pilze, 80 g Räucherspeck, 100 g Fett, 1 Zwiebel, 2 grüne Paprikaschoten, 2 Tomaten, Knoblauch, Salz, 1 TL Edelsüßpaprika, 1/8 Liter saure Sahne, 20 g Mehl, Petersilie

Pilze putzen, waschen und in feine Scheiben schneiden. Speck würfelig schneiden, in Fett glasig anlaufen lassen, dann die feingehackte Zwiebel dazugeben und goldgelb rösten. Nun fügt man die in Streifen geschnittenen, entkernten Paprika, die in Scheiben geschnittenen Tomaten, die Pilze und etwas Knoblauch dazu, würzt mit Salz und Paprika und dünstet alles zusammen 8–12 Minuten in wenig Wasser gar. Vor dem Anrichten die saure Sahne mit etwas Mehl vermischen und unter die Pilze rühren.

Mit Petersilie bestreuen und als Pfannengericht servieren.

PRIDE OF
SZEGE
HUNGARIA
EXQUISITE 100% SWEET
PAPRIKA
PRODUCT OF HUNGARY
NET WT. 5 OZ
IMPORTED
ALWAYS FRESH

Transsylvanisches Pökelfleisch

Erdélyi pácolthús

Für diese Art der Zubereitung von Rindfleisch stand wahrscheinlich der am österreichischen Hof so sehr beliebte Tafelspitz Pate. Da man in Budapest jedoch unter Umständen dem Tafelspitz näher stand als dem österreichischen Kaiser, der zugleich ungarischer König war, bekam das Rezept durch Veränderungen eine rein ungarische Note.

1 kg Tafelspitz, Salz, 2 Zwiebeln, 3 Karotten,
2 Petersilienwurzeln, 1/4 Sellerieknolle,
1 Lorbeerblatt, Pfefferkörner, etwas Essig,
etwas Zucker,
40 g Butter, 1 EL Mehl, etwas Senf,
1/8 Liter saure Sahne

Tafelspitz in kochendes, leicht gesalzenes Wasser einlegen und eine Stunde langsam kochen lassen. Schaum entfernen.

Die in Scheiben geschnittenen Zwiebeln und das in grobe Stifte geschnittene Suppengemüse, das Lorbeerblatt und die Pfefferkörner hinzufügen und etwa 1 Stunde weiterkochen lassen, bis alles weich ist. Fleisch und Suppe vom Feuer nehmen, mit etwas Essig säuern und kaltstellen. Das Fleisch bleibt drei Tage in der Brühe liegen, dann nimmt man es heraus und schneidet es in Scheiben. Das Suppengemüse röstet man kurz mit etwas Zucker, gibt Brühe dazu und drückt es durch ein Sieb.

Aus Butter und Mehl eine helle Schwitze zubereiten, mit der aus dem passierten Suppengemüse entstandenen Sauce auffüllen, salzen und mit Senf abschmecken. Fleisch einlegen, noch einmal 5–6 Minuten aufkochen lassen und vor dem Anrichten mit saurer Sahne verfeinern.

Beilage: Petersilienkartoffeln.

Pörköltauflauf

Pörkölt tésztafelfújttal

Schon die Verwendung von Bandnudeln für dieses Gericht läßt auf eine italienische Abstammung mit ungarischer Garnierung schließen. Mag sein, daß man jenseits der ungarischen Grenzen Bandnudeln als ideale Ergänzung zu *pörkölt* betrachtet, diesseits ist das nicht der Fall: Zu *pörkölt* serviert man als klassische Beilage Nocken, *tarhonya,* Kartoffeln oder Reis. Somit zählt dieser Auflauf eher zu den Außenseiterrezepten.

300 g Bandnudeln, Salz, 60 g Butter, 2 Eier, 1/4 Liter saure Sahne, 30 g Butter, Paniermehl, 300 g Schweinepörkölt (Zubereitung wie Rinderpörkölt siehe S. 174)

Bandnudeln in Salzwasser nicht zu weich kochen, in ein Sieb schütten, mit kaltem Wasser abschrecken und gut abtropfen lassen. Butter schaumig rühren, zwei Eigelb und die saure Sahne zugeben und mit den Bandnudeln gut vermengen. Nun den steifgeschlagenen Schnee aus zwei Eiweiß vorsichtig darunterziehen.

Eine Auflaufform mit Butter ausstreichen und mit Paniermehl bestreuen. Die Hälfte der Nudelmasse einlegen, das fertige Schweine*pörkölt* darübergeben und mit der restlichen Nudelmasse abdecken. Butterflocken aufsetzen, mit Paniermehl bestreuen und eine halbe Stunde bei 200° C im vorgeheizten Backofen backen.

Mit grünem Salat servieren.

19

Pußta-Kaffee

Puszta kávé

Eineinhalb Jahrhunderte Türkenherrschaft haben den Ungarn viel Böses beschert. Aber auch einiges Gute: die Bäder, den Paprika, die Strudelrezepte und den Kaffee. Kaffee, den sie einst als „Suppe, so schwarz wie Tinte“ beschrieben, trinken sie jetzt mit wahrer Leidenschaft. Ohne vier bis fünf „kleine Schwarze“ täglich kommt ein Ungar nur selten aus. Eigene Spezialitäten wurden jedoch kaum kreiert, der „Pußta-Kaffee“ ist hier die Ausnahme.

1/2 Liter Bohnenkaffee, 1/4 Liter Milch, 4 Eigelb, barack pálinka (Aprikosenbranntwein), 8 TL Zucker, 1/8 Liter süße Sahne

Sehr starken Kaffee zubereiten. Milch langsam erhitzen. Eigelb mit einem kräftigen Schuß *barack pálinka* und Zucker verrühren und in die warme Milch einrühren. Mit heißem Kaffee aufgießen, auf vorgewärmte Gläser verteilen und mit einer Schlagsahnehaube krönen.

BUDAPESTI
MSZ
ARACK

Gyulaer Rahmsauerkraut

Gyulai tejfölös savanyúkáposzta

Eine alte ungarische Chronik vermerkt: „Sauerkraut im Magen und Sauerkraut auf der Haut, dreimal die Woche, treiben die Krankheiten beim Fenster hinaus.“ Der Verzehr von Kraut wurde bereits in der Bronzezeit nachgewiesen, aber die Praktik des Einsäuerns wurde zuerst in China erprobt und kam mit den Hunnen nach Europa.

150 g Räucherspeck, 60 g Fett, 1 kleine Zwiebel, 2 EL Mehl, 1 kg Sauerkraut, Salz, Pfeffer, Wacholderbeeren, 1 EL Spezialpaprika, 400 g Gyulaer Wurst (oder eine andere scharfe Dauerwurst), 1/8 Liter saure Sahne, 1 Messerspitze Rosenpaprika

Den kleinwürfelig geschnittenen Speck im heißen Fett kurz anbraten, die kleingehackte Zwiebel hinzugeben und mit Mehl und etwas Wasser eine helle Schwitze zubereiten. Nun das Sauerkraut gut untermischen und mit Salz, Pfeffer, Wacholderbeeren und Paprika würzen. Wenig Wasser aufgießen und zugedeckt etwa eine Stunde lang weichdünsten. Wurst in Scheiben schneiden, unter das Kraut rühren und 5 Minuten mitdünsten. Zum Schluß die saure Sahne mit Paprika vermischen und unter das fertige Kraut ziehen.

Mit ofenwarmem Brot servieren.

Rebhuhn in Grünkohl

Fogoly kelkáposztával

Was für ein Kapitel Küchengeschichte: Die alten Griechen fingen Rebhühner ein, um sie als Kampfvögel in die Arena zu schicken. Der Römer Apicius bereitete sie mitsamt ihrem Federkleid in einer reichlichen Gewürzsauce zu, am Hof Karls des Großen spielten sie die Rolle von Ziervögeln, und in der Renaissance stellte man sie neben Pfau und Schwan, herausgeputzt als Prunk- und Schaugericht, auf die Festtafeln. Erst die fürstliche Jagdleidenschaft versetzte die Rebhühner wieder in den Stand begehrter Wildvögel. Aus der fürstlich Esterhazyschen Küche stammt die Anregung zu diesem Gericht.

4 Rebhühner, Salz, 200 g Räucherspeck, 60 g Fett, 1 Grünkohl (800 g), 50 g Butter, 150 g Räucherwurst, 200 g Suppengemüse (Karotten, Petersilie), 2 Zwiebeln

Bratfertige Rebhühner innen und außen salzen und im vorgeheizten Backofen bei 220° C 10–15 Minuten braten. Speck in Scheiben schneiden und in etwas Fett knusprig braten. Kohl vierteln, die Strünke ausschneiden und in Salzwasser in etwa 15 Minuten halbweich kochen. Nun legt man in eine gebutterte Kasserolle die Hälfte des Kohls ein, darüber die halbierten Rebhühner, die mit Speckscheiben und der in Scheiben geschnittenen Räucherwurst abgedeckt werden. Darauf gibt man das in feine Stifte geschnittene Suppengemüse und die feingeschnittenen Zwiebeln und schichtet den zweiten Teil des Kohls darüber. Das restliche Fett vom gebratenen Speck mit etwas Brühe auffüllen und über den Kohl gießen. Kurz aufkochen lassen und im vorgeheizten Backofen bei 200° C etwa 50 Minuten schmoren.

Serviert werden die Rebhühner auf einer Kohlunterlage und mit Kohl bedeckt. Speck, Wurst und Suppengemüse dienen als Garnitur.

Rehpörkölt mit Klößchen

Özpörkölt galuskával

Sehr weit reicht die Tradition des Waidwerkes in Ungarn zurück, denn fast immer waren Ungarns Könige leidenschaftliche Jäger. So wurde bereits 1157 das erste königliche Dekret zum Schutze des Wildbestandes erlassen, und im 14. Jahrhundert schrieb Ladislaus Hungarius, der erste Falkner König Ludwigs des Großen, ein in ganz Europa vielbeachtetes Buch über die Beizjagd. Bis heute hat der ungarische Wildbestand ein hohes Niveau. Viele Weltrekord-Rothirsch-, -Damhirsch- und -Rehtrophäen stammen aus Ungarns Wäldern.

*1 kg Rehfleisch, 100 g Räucherspeck, 80 g Fett,
1 Zwiebel, 10 g Delikateßpaprika, Salz,
1 EL Tomatenmark, 1 grüne Paprikaschote.
Für die Klößchen: 2 Eier, Mehl, Salz,
50 g Butter, 1/8 Liter saure Sahne*

Rehfleisch in Streifen schneiden. Den kleinwürfelig geschnittenen Speck im heißen Fett anbräunen, die kleingehackte Zwiebel zugeben und goldgelb rösten. Pfanne vom Feuer nehmen, Paprika einstreuen, Fleisch einlegen, salzen und dünsten lassen. Immer nur wenig Wasser zugießen. Wenn das Fleisch nach etwa 25 Minuten halbgar ist, Tomatenmark und die in Streifen geschnittene, entkernte grüne Paprikaschote beigeben und alles in weiteren 25 Minuten fertigdünsten.

Klößchen: Man bereitet aus Eiern, Mehl, Salz und Wasser einen mittelweichen Teig und stößt mit einem scharfen Messer kleine Klößchen direkt vom Brett in siedendes Wasser. Sobald die Klößchen an die Oberfläche kommen, herausheben, abtropfen lassen und mit einer Mischung von zerlassener Butter und saurer Sahne übergießen.

Bácskaer Reisfleisch

Bácskai rizseshús

Die Bácska, ein fruchtbarer Landstrich im Süden des Donau-Theiß-Zwischenstromlandes, hat eine bewegte historische Vergangenheit. Hier siedelten sich nach Beendigung der Türkenkriege viele Schwaben an, doch die blühenden deutschen Dörfer gingen in den Ereignissen dieses Jahrhunderts unter. Zudem gehört die Bácska heute größtenteils zu Jugoslawien. Im Komitat Baranya, zu dem der ungarische Restteil der Bácska zählt, leben jedoch noch 70000 Deutsche.

600 g Schweineschulter, 2 Zwiebeln, 100 g Fett, 1 TL Spezialpaprika, etwas Rosenpaprika, Salz, 250 g Reis, 3 grüne Paprikaschoten, 2 Tomaten, Petersilie

Schweinefleisch grobwürfelig schneiden. Die gehackten Zwiebeln in Fett goldgelb rösten, vom Feuer nehmen, Paprika einstreuen, Fleischwürfel beigeben, salzen und das Fleisch im eigenen Saft zugedeckt etwa 20 Minuten halbweich dünsten. Dann den Reis, die in Streifen geschnittenen, entkernten Paprikaschoten und die in Scheiben geschnittenen Tomaten dazugeben, etwa 1/2 Liter Wasser aufgießen und alles zusammen zugedeckt in 20–25 Minuten weichdünsten, bis der Reis ganz trocken ist.

Portionsformen mit kaltem Wasser ausspülen, das fertige Reisfleisch kurz einpressen, stürzen und mit Petersilie bestreut servieren.

Riz

Rinderpörkölt

Marhapörkölt

Falls Sie bisher vergeblich nach dem Rezept für das Ihnen vertraute Gulasch mit der sämigen Sauce gesucht haben, hier ist es: das *pörkölt.*

Fügen Sie in Zukunft keinem Ungarn mehr den Schmerz zu, seine Nationalspeise falsch einzuordnen. Und hätten sich auch die Speisekarten der ganzen Welt gegen Ungarn verbündet: Das Originalgulasch ist eine Suppe, und was alle Nichtungarn für Gulasch halten, ist ein *pörkölt.*

800 g Rindfleisch (Schulter, Wade), 100 g Fett, 300 g Zwiebeln, 30 g Edelsüßpaprika, Knoblauch, Kümmel, Majoran, 1 EL Tomatenmark, Salz, 1 Paprikaschote

Fleischstücke würfelig schneiden und gut waschen. Fett erhitzen und die feingehackten Zwiebeln hellbraun rösten. Pfanne vom Feuer nehmen, Paprika einstreuen, die Fleischwürfel einlegen, kurz anrösten, mit etwas Wasser ablöschen. Eine Spur Knoblauch, etwas Kümmel und Majoran und das Tomatenmark hinzugeben, salzen und alles zugedeckt dünsten. Ab und zu umrühren und bei Bedarf Wasser nachgießen. Nach etwa 40 Minuten, sobald das Fleisch halbgar ist, eine entkernte, in Streifen geschnittene Paprikaschote einlegen und 20–30 Minuten mitdünsten.

Pörkölt wird mit *tarhonya,* Nockerln oder Salzkartoffeln serviert.

Sarközer Rühreiauflauf

Sárközi tojásfelfújt

Ungarns Signatur im Buch der Rekorde: Das Land besitzt die fleißigsten Hühner der Welt. Sie legen, wie Statistiker errechnet haben, pro Kopf der Bevölkerung die allermeisten Eier. Keine andere Nation mit 10,6 Millionen Einwohnern verfügt über so viele produktive Hühnervölker.

8 Eier, Salz, 8 EL süße Sahne, 50 g Butter; 200 g Frühlingsgemüse, 1 EL feingehackte Petersilie, 1/2 Paprikaschote, 1 Tomate, 30 g Butter, 200 g Schinken, Salz, Pfeffer; 1 Brötchen, 1/8 Liter Milch; 60 g Butter, 3 Eigelb, 1/4 Liter saure Sahne

Eier salzen und mit süßer Sahne aufschlagen. Butter erhitzen, die Eimasse in eine flache Pfanne gießen und mit dem Kochlöffel rühren, bis die Eier cremigweich sind. Die fertigen Rühreier auskühlen lassen.

Das Frühlingsgemüse sehr fein wiegen, mit der Petersilie, der feingehackten Paprikaschote und der kleingeschnittenen Tomate in etwas Butter rösten. Zum Schluß den feingehackten Schinken beigeben, mit Salz und Pfeffer würzen und kurz mitrösten.

Brötchen in Milch einweichen. Das erkaltete Rührei und das weiche Brötchen feinhacken, alles gut durchrühren und mit der Gemüse-Schinken-Masse vermischen.

Butter und drei Eigelb schaumig rühren, die Auflaufmasse dazugeben, alles gut vermengen und in eine mit Butter ausgestrichene Form füllen. Mit saurer Sahne übergießen und bei 200° C im vorgeheizten Backofen etwa 20 Minuten backen.

Mit grünem Salat servieren.

Salamisalat

Szalámisaláta

Nein, die Ungarn haben die Salami nicht erfunden. Die Kenntnis der *salame* – der Name stammt übrigens vom italienischen *sale* = Salz ab – verdanken sie der italienischen Gemahlin ihres heißgeliebten Königs Matthias. Die bekanntesten ungarischen Salamisorten sind „Herz“ und „Pick“, deren weiße Schutzhülle durch Eintauchen in heißen Kleiebrei entsteht.

300 g Salami, 100 g Dosenpilze, 200 g Tomaten, 2 grüne Paprikaschoten, 1 Bund Lauchzwiebeln, Salz, 4 EL Mayonnaise, 1 TL Edelsüßpaprika, 2 EL saure Sahne, 8 Wachteleier, Petersilie

Salami in dünne Streifen, Pilze, Tomaten, Paprikaschoten und Zwiebeln in Scheiben bzw. Ringe schneiden, je nach Geschmack salzen und untereinandermischen. Mayonnaise gut mit Gewürzpaprika und der sauren Sahne verrühren und unter die Mischung ziehen. Eine Stunde im Kühlschrank stehen lassen. Mit Wachteleiern und gehackter Petersilie dekorieren und auf Salatblättern anrichten.

Debrecener Salamitaler

Debreceni szalámielőétel

Man kann sie als Vorspeise essen oder als Garnitur für eine große Salamiplatte auflegen. Die echte ungarische Herzsalami wird weltweit exportiert. Sie schmeckt sehr viel besser als die vielen Salaminachahmungen, die unter dem Titel „Ungarische Salami" auf den Auslandsmärkten zu finden sind, aber oft nicht viel mehr als den Namen mit dem Originalerzeugnis, das nach einem Geheimrezept hergestellt wird, gemeinsam haben.

400 g Salami, 150 g Butter, 150 g geriebener Käse (Parmesan oder Greyerzer), 1 Bund Schnittlauch, 2 grüne Paprikaschoten, 2 sehr feste, längliche Tomaten

Salami kleinwürfelig schneiden, mit weicher Butter, geriebenem Käse und gehacktem Schnittlauch gut vermischen. Die Paprikaschoten entkernen, die Tomaten aushöhlen und die Salamimischung fest eindrücken. Die gefüllten Schoten und Tomaten bis zum Servieren in den Kühlschrank legen. Dann ein scharfes Messer durch heißes Wasser ziehen und die gefüllten Paprika und Tomaten in etwa 1/2 cm dicke Scheiben schneiden.

HERZ
UNGARISCHE SALAMI

Börzsönyer Schneckensalat

Börzsönyi csigasaláta

Frankreich rühmt sich zwar seiner ausgezeichneten Schneckengerichte, aber wer hätte das gedacht: Ein sehr großer Teil aller in Frankreich verzehrten Schnecken kommt aus Ungarn. Während der kurzen Schneckensaison von Anfang Mai bis Mitte Juni ist das Heer der ungarischen Schneckensammler auf den sanften Donauhügeln unterwegs, um die Ernte einzubringen. Von den jährlich durchschnittlich gesammelten 1200 Tonnen Schnecken wird zwar der Großteil exportiert, aber die im Land verbleibenden werden exquisit zubereitet.

12 Schnecken pro Person (frisch oder aus der Dose), Salz, 150 g Suppengemüse, Pfefferkörner, etwas Essig, 1 Zwiebel, 2 hartgekochte Eier, Pfeffer, Paprika, Essig, Öl

Die vorbereiteten Schnecken waschen, in leicht gesalzenem Wasser mit in feine Stifte geschnittenem Suppengemüse, Pfefferkörnern und einem Spritzer Essig etwa eine Viertelstunde kochen. Aus der Brühe nehmen, auskühlen und gut abtropfen lassen. Die Zwiebel feinschneiden, die hartgekochten Eier hacken und mit den Schnecken vermischen, mit Salz, Pfeffer und Paprika würzen und mit Essig und Öl anmachen.
Mit frischem Toast servieren.

Gefüllter Schweinebauch Ormánság

Töltött sertéshas

Dies ist ein typisches Gericht der Ormánság, einer aus mehreren Dörfern bestehenden Landschaft südlich von Pécs an den Ufern der Drau. Die einst wasserreiche und oft sumpfige Ebene war immer schwer zugänglich, und daher konnte sich hier auch eine interessante Volksgruppe entwickeln, die selbst heute noch in Lebensweise und Mundart viele Besonderheiten aufweist.

1–1,5 kg Schweinebauch, Salz, Thymian.
Füllung: 2–3 Brötchen, 1/4 Liter Milch,
200 g Schweineleber, 200 g Räucherspeck,
1 Zwiebel, 70 g Fett, 2 Eier, Salz, Pfeffer,
5 g Delikateßpaprika, etwas Brühe

Schweinebauch von den Knochen befreien und in der Mitte mit einem scharfen Messer einschneiden, so daß er sich gut füllen läßt. Salzen, innen mit wenig Thymian würzen.

Füllung: Die Brötchen in Milch einweichen, gut ausdrücken und in eine Schüssel geben. Schweineleber und Räucherspeck durch den Fleischwolf drehen und mit der feingehackten Zwiebel in heißem Fett gut durchrösten. Auskühlen lassen, zur Brötchenmasse geben, Eier und die Gewürze gut unterrühren. Diese Füllung wird in den Schweinebauch fest eingedrückt, dann näht man das Fleischstück an beiden Enden gut zu. Bei 200° C brät man es im vorgeheizten Backofen etwa 1 1/2 Stunden schön braun. Von Zeit zu Zeit etwas Fleischbrühe oder Wasser aufgießen. Vor dem Servieren Fäden entfernen.

Delikate Beilage: in Rotwein gedünsteter Rotkohl.

Schweinebraten in Rotwein

Sertéssült vörösborban

„Mein idealer Lebenszweck ist Borstenvieh, ist Schweinespeck“: So das Couplet des ungarischen Schweinezüchters Kolomán Zsupán im „Zigeunerbaron“ von Johann Strauß. Schweinefleisch spielt nicht nur heute in der ungarischen Küche eine große Rolle, hier wußte man es schon nach vielen Rezepten zuzubereiten, als es im übrigen Europa gerade erst Eingang in die Kochbücher fand.

800 g Schweinefleisch, 100 g Räucherspeck, Salz, 80 g Schweineschmalz, Suppengemüse (1 Karotte, 1 Petersilienwurzel, 1/4 Sellerieknolle, 1 fingerlange Stange Lauch), 1 Zwiebel, 100 g Pilze, Pfefferkörner, Zitronenschale, 1/4 Liter Rotwein, 1 EL Mehl, 1/4 Liter saure Sahne

Schweinefleisch mit dünnen Speckstreifen spicken, salzen und in Schweineschmalz rasch auf beiden Seiten anbraten. Suppengemüse in Streifen schneiden, die Zwiebel kleinhacken und zum Fleisch geben. Pilze in dünne Scheiben schneiden und auf den Braten legen. Pfefferkörner und etwas abgeriebene Zitronenschale hinzufügen und alles zusammen in Rotwein dünsten. Nach zwanzig Minuten in den auf 200°C vorgeheizten Backofen schieben und etwa 40 Minuten braten. Zum Schluß Mehl und saure Sahne verquirlen, über das Fleisch gießen und kurz aufkochen lassen. Fleisch herausnehmen, in Scheiben schneiden und warmstellen. Die Sauce passieren. Das Fleisch zurück in die Sauce legen und nochmals erhitzen.

Als Beilage: Reis oder Kartoffelpuffer

Schweinehals mit Kümmelkartoffeln

Sertésnyak köménymagos burgonyával

Der auf dem Rost im Backofen gebratene Schweinehals bekommt durch die Marinade seinen ausgezeichneten Geschmack. Ausnahmsweise werden hier die Kartoffeln einmal nicht geschält, sondern mit der Schale gegessen. Nehmen Sie dazu die ersten „heurigen" Kartoffeln des Jahres.

800 g Schweinefleisch vom Hals, Salz, 1 EL Senf, 1/8 Liter Weißwein, je eine Messerspitze Majoran, Thymian und Kirschpaprika, 800 g kleine, heurige Kartoffeln, 2 EL Öl, Kümmel

Schweinefleisch salzen, mit der Marinade aus Senf, Wein und Gewürzen bestreichen und einige Stunden zugedeckt im Kühlschrank ziehen lassen. Dann auf dem Rost im vorgeheizten Backofen bei 200° C und untergeschobenem Saucenblech 45 Minuten braten und wiederholt mit etwas Marinade bestreichen. Nun die sehr gut mit einem Bürstchen gewaschenen Kartoffeln auf den Rost rund um das Fleisch legen, mit Öl bepinseln, mit Kümmel würzen, salzen und alles zusammen noch etwa 50 Minuten braten. Sobald der Braten gar ist, das Fleisch in Scheiben schneiden, den Bratfond im Saucenblech mit der restlichen Marinade kurz aufkochen und darübergießen. Mit den nicht geschälten Kartoffeln servieren.

Mustár

Schweinekoteletten nach Husarenart

Sertéskaraj Huszár-módra

Ungarns König Sigismund erfand die Husaren, jene verwegenen, vielgefürchteten und vielgeliebten Reiter, deren malerische Tracht bald halb Europa nachahmte.
Viele ungarische Gerichte schmücken sich mit dem Beinamen *huszár*: Sehr oft bedeutet das ein Rezept, in dem scharfe Würze eine große Rolle spielt.

4 Schweinekoteletten, Salz, schwarzer Pfeffer, Rosenpaprika, 1/2 TL gehackte Majoranblätter, etwas Mehl, 50 g Fett, 2 grüne Paprikaschoten, 1 EL gehackte Petersilie, 1/8 Liter Bouillon

Die Koteletten sorgfältig mit den Gewürzen einreiben, in Mehl wenden, abklopfen und 8–10 Minuten in heißem Fett goldbraun braten. Sobald das Fleisch durchgebraten ist, herausnehmen und warmstellen. Paprikaschoten entkernen, in Streifen schneiden, mit der gehackten Petersilie in den Bratfond geben, gut durchdünsten, mit etwas Bouillon ablöschen und über die Koteletten gießen. Mit *tarhonya* servieren.

Siebenbürger Flecken

Erdélyi rostos sertéshús

Die echten Siebenbürger Flecken werden auf dem Rost über einem Holzkohlebecken zubereitet. „Man muß den Rauch auf der Zunge spüren", heißt es, „man muß die Glut schmekken und die Hitze mit kühlem Essiggemüse ablöschen."

800 g Schweinefleisch, Salz, 1 TL Rosenpaprika, Öl, 600 g Kartoffeln, Fett zum Ausbacken, 500 g Essiggemüse

Schweinefleisch in Scheiben schneiden, etwas klopfen, salzen, mit papriziertem Öl bestreichen und auf den Rost legen. Von beiden Seiten 4–6 Minuten grillen und während des Grillens immer wieder mit Öl bepinseln. Die Kartoffeln in dünne Scheiben schneiden und in 8–10 Minuten in heißem Fett goldgelb ausbacken.

Nun schichtet man auf einen Holzteller Kartoffeln, legt die Fleischstücke darüber und garniert mit Essiggemüse, wobei rote, grüne und gelbe Paprika besonders dekorativ sind.

Sieben-Fürsten-Tokány

Hét vezér tokány

Unter den verschiedenen Rezepten für *tokány* (= gedünstetes Fleisch) gebührt diesem der Vorrang. „Man sollte es", schrieb 1870 ein ungarischer Tafelfreudenexperte, „immer nur stilvoll auf Herend-Porzellan servieren."
Edles Porzellan aus Herend machte erstmals bei der Londoner Weltausstellung von 1851 auf sich aufmerksam, als die von Blumen- und Schmetterlingsmustern begeisterte Queen Victoria ein Service bestellte. Das Motiv wird übrigens heute noch hergestellt und als „Viktoria-Muster" verkauft.

300 g Schweineschulter, 300 g Kalbsschulter, 300 g Rinderlende, 80 g Räucherspeck, 60 g Fett, 1 Zwiebel, 20 g Spezialpaprika, Salz, 2 grüne Paprikaschoten, 2 Tomaten, etwas Mehl, 1/8 Liter saure Sahne

Fleisch in Streifen schneiden. Speck grobhakken und in Fett kurz anbraten, dann herausnehmen und zur Seite legen. Im restlichen Fett die feingehackte Zwiebel goldgelb rösten, die Pfanne vom Feuer nehmen, Paprika einstreuen, Schweinefleisch einlegen, kurz durchrösten, mit etwas Wasser ablöschen, salzen und eine halbe Stunde zugedeckt dünsten. Dann das Kalbfleisch und 20 Minuten später das Rindfleisch einlegen. Nach weiteren 15 Minuten, wenn alles fast gar ist, die kleingeschnittenen Paprikaschoten und die in Scheiben geschnittenen Tomaten untermischen, den gebratenen Speck beigeben und alles zusammen in 10 Minuten fertigdünsten. Zum Schluß die mit etwas Mehl verquirlte Sahne zugießen und kurz aufkochen lassen.

Beilage: Reis

Tartarenbrot

Tatárkenyér

Im Mittelalter nannte man alle Völker mongolischen Ursprungs Tataren. Zu „Tartaren" wurden sie durch Ludwig IX. von Frankreich, der ihren Namen in einem Wortspiel von „tartaros", der griechischen Unterwelt, ableitete. Auch die landnehmenden Magyaren galten lange Zeit als Tataren. Ob sie nun stets rohes Fleisch unter den Sätteln mit sich führten, um es mürb zu reiten, oder ob sie die rohen Fleischstücke nur zur Heilung auf die wundgescheuerten Pferderücken legten, wird sich nie mehr ganz klären lassen. In die Geschichtchen der Geschichte gingen die Tataren jedenfalls als Esser von rohem Fleisch ein.

600 g Lungenbraten, 2 Eigelb, 2 EL Öl, 1 Zwiebel, 2 gehackte Sardellenfilets, 1 EL gehackte Kapern, 1 EL gehackter Schnittlauch, 1 TL Edelsüßpaprika, 1 TL Senf, Salz, Pfeffer, Kümmel, Weißbrotscheiben, Zwiebel- und Paprikaringe zum Garnieren

Das Fleisch mit einem scharfen Messer schaben. Eigelb und Öl gut verrühren, mit allen übrigen Zutaten vermengen und mit dem geschabten Fleisch glattrühren.

Weißbrot hell toasten, etwa 1 cm dick mit der Tartarmasse bestreichen, mit Zwiebel- und grünen Paprikaringen verzieren und sofort servieren.

Tokány Csikós Art

Tokány csikós-módra

Die Pußta ist nicht mehr, was sie einmal war. Vorbei der Traum von den wildjagenden Pferdeherden, vorbei der Traum vom freien nomadischen Leben des *csikós,* des Pferdehirten. Jahrhundertelang zogen Herden und Hirten über die Hortobágy, auch im Winter. Das Heim der wetterfesten Männer war eine von Ochsen gezogene, auf Rädern rollende Hütte. Jetzt leben sie in neuen Wohnsiedlungen, aber die alten Rezepte sind geblieben.

1 kg Schweinefleisch, 100 g Fett, 100 g Räucherspeck, 1 Zwiebel, 10 g Delikateßpaprika, 2 grüne Paprikaschoten, 2 große Tomaten, 1/4 Liter saure Sahne, 30 g Mehl

Schweinefleisch waschen, trockentupfen und in dünne Streifen schneiden. Fett erhitzen, den kleinwürfelig geschnittenen Speck darin anrösten und die feingehackte Zwiebel hinzugeben. Sobald sie Farbe angenommen hat, Pfanne vom Feuer nehmen, Paprika einstreuen, etwas Wasser aufgießen und die Speck-Zwiebel-Mischung kurz aufkochen lassen. Nun die Fleischstreifen einlegen und zugedeckt bei mäßiger Hitze etwa 50 Minuten dünsten lassen, wobei man je nach Bedarf wenig Wasser zugießt. Wenn das Fleisch fast gar ist, die entkernten, in Streifen geschnittenen grünen Paprika und die in Scheiben geschnittenen Tomaten beigeben und alles zusammen fertigdünsten lassen. Zum Schluß die saure Sahne mit Mehl verquirlen, zugeben und kurz aufkochen lassen.

Mit Salzkartoffeln servieren.

Gebackene Tomaten

Sült paradicsom

Die mexikanische *tomatl* hatte einen weiten Weg bis Ungarn. Zu Beginn des 18. Jahrhunderts, als man auf der Theißinsel bei Szeged noch Hexen verbrannte, weil sie unter der Folter gestanden hatten, „den Regen verkauft zu haben", stand man der roten Frucht aus dem fernen Amerika noch sehr skeptisch gegenüber. Erst im 19. Jahrhundert fand sie Eingang in die Kochbücher.

Heute werden Tomaten in Ungarn großflächig angebaut, wobei sich von den neuen, veredelten Sorten besonders die längliche Tomate für dieses Rezept eignet.

8 große, feste Tomaten, Salz, Pfeffer, Mehl, 2 Eier, Paniermehl, Öl zum Ausbacken, 200 g Räucherspeck, 1 grüne Paprikaschote

Tomaten gut waschen, abtrocknen, in Scheiben schneiden und den Saft abtropfen lassen. Tomatenscheiben mit Salz und frisch gemahlenem schwarzen Pfeffer würzen, in Mehl wenden, durch die aufgeschlagenen Eier ziehen und in Paniermehl wälzen. Die lose haftenden Brösel abschütteln und die panierten Tomatenscheiben in heißem Öl ausbacken. Speck in dünne Scheiben schneiden, in einer heißen Pfanne knusprig braten, einrollen und je eine Speckrolle auf eine Tomatenscheibe legen. Mit Paprikaringen garnieren.

Die Rezepte nach Gruppen

Soweit in den Rezepten nichts anderes vermerkt ist,
sind die Zutaten für vier Personen berechnet.

Zwischengerichte und Salate

Suppen und Suppentöpfe

Fischgerichte

Fleischgerichte

Wild und Geflügel

Gemüse-, Pilz- und Kartoffelgerichte

Die Rezepte alphabetisch

Bildquellen

Bavaria/Moitzheim 10 o.
Bavaria/K. W. Gruber 40 o.
IFA/Darnoc 25
Jürgens 2, 22/23 o.
Sirius Bildarchiv/Hans Joachim Döbbelin 32/33, 36/37, 52–201
Károly Szelényi 5, 7, 8, 9 (3), 10 u. (2), 13, 14,
16, 17, 19 (4), 20, 22 u., 26/27, 31, 40 u., 43,
45 (2), 46/47, 50/51
Hans Rudolf Uthoff 26 l. o., 29, 34 (2), 38
ZEFA/Rossenbach 28